I0842923

Ensayos desconfinados.
Ideas de debate para la post pandemia.

Ensayos desconfinados.
Ideas de debate para la post pandemia.

Grupo de investigación Corona Social
(www.coronasocial.org)

anthropiQa 2.0

Edición primera, mayo de 2020
I.S.B.N. 978-1-71696-168-7

copiar, distribuir y comunicar públicamente la obra

Bajo las condiciones siguientes:

Reconocimiento. Debe reconocer los créditos de la obra de la manera especificada por el autor o el licenciador (pero no de una manera que sugiera que tiene su apoyo o apoyan el uso que hace de su obra).

No comercial. No puede utilizar esta obra para fines comerciales.

Compartir bajo la misma licencia. Si altera o transforma esta obra, o genera una obra derivada, sólo puede distribuir la obra generada bajo una licencia idéntica a ésta.

- Al reutilizar o distribuir la obra, tiene que dejar bien claro los términos de la licencia de esta obra.
- Alguna de estas condiciones puede no aplicarse si se obtiene el permiso del titular de los derechos de autor
- Nada en esta licencia menoscaba o restringe los derechos morales del autor.
- Cada comentario pertenece a su autor. El autor del blog no se hace responsable de las opiniones, ni necesariamente las comparte.

www.anthropiQa.com

www.coronasocial.org

ÍNDICE

Del COVID-19[1] al covid 2.0: el virus es el mensaje[2].

Alfonso Vázquez Atochero
(Universidad de Extremadura, UNADE)
alfonso@unex
20 de abril de 2020. Badajoz, España.

Acciones efímeras en un mundo efímero.

La sociedad de principios de siglo XXI se ve inmersa en una vorágine de transformaciones auspiciadas por el desarrollo tecnológico que, de forma exponencial, aporta soluciones y dispositivos al mercado consumo, cada vez más globalizado y trivializado. Este consumo evanescente de bienes y servicios, de experiencias y sensaciones, nos hace ver el mundo como algo pequeño, la tecnología como algo vacuo y las culturas como algo arcaico y prescindible. Pero los gadgets que han entrado en nuestras vidas -transformándolas por completo- en las últimas décadas no dejan de pertenecer a un entramado tremendamente complejo, culmen de una serie procesos tecnológicos, productivos, financieros, políticos, sociales y culturales, tremendamente imbricados e interrelacionados. Y, aunque pudiera parecer una tautología, precisamente esta complejidad es lo que hace que el bienestar y el consumo sean más sencillos que nunca antes. Pero es cierto que todos estos cambios más que asentarnos como conjunto nos hacen ser una sociedad movible y voluble, volátil si se quiere, y difícil como objeto de estudio por esta fugacidad cuasi intrínseca. Es lo que Carrithers expresaba al afirmar que "el estudio de la cultura en el mundo actual es como estudiar la nieve en medio de la avalancha" (Carrithers, 1995, pág 41). No obstante y a pesar de la efimeridad del momento social, a lo largo de las próximas páginas intentaremos revelar una fotografía del momento actual, una instantánea que pueda

---

[1] La RAE aconseja escribir el COVID-19, en masculino y en mayúsculas y Fundeu la covid-19, en femenino y en minúscula
[2] El título está inspirado en la narrativa Carlos ALberto Scolari

servir de punto de partida para la reflexión pero también para retomar como cápsula del tiempo en trabajos futuros a la hora de comprender y recordar qué pasó al principio del mayor revés de la aldea global cuando fue sacudida por una pandemia producida por una mutación en un virus del que ya se tenía constancia, del que el mundo del cine ya se había servido para crear realidades alternativas distópicas y del que los científicos ya habían alertado en varias ocasiones. A pesar de todo, del miedo, de las advertencias y de las alertas, un virus mutante nos cogió por sorpresa actuando antes de que ningún protocolo se haya mostrado efectivo hasta el momento.

Eso sí, la pandemia, el efecto letal del virus, las medidas de restricción y el propio miedo se han hecho un hueco en el ideario colectivo, y la humanidad ha aceptado con resignación penitente el nuevo orden. Como si de una campaña de marketing se tratara, las autoridades pertinentes y los propios medios de comunicación han generado toda una iconografía y lexicografía que han metido al covid-19 en nuestras vidas. Un naming y un branding elaborados han convertido el fenómeno en una oportunidad de consumo óptima, aprovechando el nicho de mercado generado por la espiral del miedo alentada por los creadores de opinión. El confinamiento traerá consigo un depuramiento del tejido comercial y empresarial, consolidando y haciendo más grandes a los grandes, y modificando las pautas de consumo en beneficio propio.

El efecto mariposa, o la importancia de lo desdeñable.

Y el principio, al menos en modelos oficiales, estuvo en China, donde un proverbio dice que «El aleteo de las alas de una mariposa se puede sentir al otro lado del mundo». Es decir, que un hecho desencadenante de minúsculas proporciones puede desarrollar una concatenación de acciones que desemboquen en una situación de proporciones impredecibles. Siglos más tarde y de manera más sistematizada James Gleik escribió *Caos: la creación de una ciencia,* donde pone de manifiesto el esfuerzo de los científicos que en su momento crearon un modo de comprender la complejidad de la naturaleza, ofreciendo un modelo para ver orden donde antes se veía sólo azar e irregularidad.

> Dado un especial punto de partida, el tiempo se desarrollaría siempre del mismo modo. Dado un punto de partida levemente distinto, el tiempo se desarrollaría de modo ligeramente diferente. Un pequeño error numérico era como un imperceptible soplo de aire, pues soplos como aquellos se extinguían o anulaban unos a otros antes de que alteraran condiciones importantes, a gran escala, del tiempo. Pero en el sistema de Lorenz, los errores ínfimos fueron catastróficos
> (Gleick, 1987) Caos: la creación de una ciencia.

Entonces ¿Son los grandes eventos que cambian el mundo grandes desde su primer momento o un pequeño elemento azaroso puede transformar el mundo? Según el modelo que presenta la Teoría del Caos, en un sistema no determinista un cambio de pequeñas dimensiones puede llevar a consecuencias divergentes, a través de una serie de amplificaciones. Nuestro propio cuerpo es un sistema caótico, flexible e impredecible. No sabemos cómo seremos dentro de siete años, posiblemente no muy diferentes físicamente si estamos en edad adulta, a pesar de que tras ese tiempo ningún átomo de nuestro cuerpo permanecerá en el mismo. Sin embargo seguiremos siendo las mismas personas a pesar de ser tan diferentes en nuestra composición atómica. Hay numerosos ejemplos de sistemas no deterministas, y dos de ellos son las mutaciones genéticas y los desplazamientos humanos, y ambas son agentes y factores muy importantes en la problemática que nos atañe: por una mutación aleatoria hizo que un virus presente en algunos animales afectase al ser humano, por otra, una serie de movimiento azarosos hizo que el virus se desplazara estratégicamente por el planeta desencadenando una pandemia. No es sencillo llegar a una situación como ésta, tienen que darse una serie de acciones concatenadas que, desgraciadamente, se han dado. Una simple decisión, correcta o equivocada -todo es relativo según el fin esperado-, podría condicionar toda una sucesión de hechos posteriores sobre los que no tendríamos control y sobre los que no podríamos anticipar consecuencias.

Sin embargo, a pesar de la dificultad estadística y coyuntural, el hecho había sido anticipado por diferentes organismos y agentes que, sin recurrir al miedo, al pesimismo o al sensacionalismo ya habían focalizado su atención en una potencial y posible pandemia que sacudiera el planeta. En 2006 el FMI ya hablaba de "un contagio mundial y letal, en lugar de una típica temporada anual de gripe" y que llegaría "por la mutación de la gripe aviar que actualmente azota el planeta, o debido a otra mutación viral." Años más tarde y un año antes del primer contagiado por el coronavirus, Simon Parkin alertaba no sólo de la posibilidad que un contagio que se convirtiera en pandémico, sino que afirmaba que eran inexistentes los sistemas de respuesta adecuados: "A pesar de los esfuerzos de gobiernos y organismos para prepararse para lo peor, el mundo no está preparado para un brote mundial de una enfermedad contagiosa mortal" (Parkin, 2018). Otra voz cualificada, Martin Rees, del Centro para el Estudio de los Riesgos Catastróficos y Existenciales de Cambridge, también ponía énfasis en el problema aseverando que "podría haber una pandemia que matara a muchos millones de personas en todo el mundo". Pero además ya anticipaba que el problema no sería solamente sanitario, ya que "en la sociedad hay una falta de conciencia de la gravedad de muchos de los riesgos globales a los que nos enfrentamos" (García Aller, M., 2020). En primavera de ese mismo 2018 Bill

Gates en una conferencia sobre epidemias auspiciada por la Sociedad Médica de Massachusetts y el New England Journal of Medicine afirmaba tremendista que una nueva gripe aviar mataría en la actualidad a 30 millones de personas en seis meses. (Loria, 2017). El planteamiento apriorístico de Kevin se ha cumplido, esperemos que el de Gates no lo haga.

La tragedia de lo vulgar.

Evolutivamente el ser humano forma parte de un proceso común a millones de especies que se ha ido desarrollando a lo largo de millones de años. Estamos hechos de los mismos elementos y en algunos casos estructuralmente somos muy similares a animales (y plantas) de los que dependemos para subsistir. Incluso hospedamos otros organismos en nuestro cuerpo estableciendo una relación de estrecha simbiosis entre huéspedes y anfitrión: somos una colonia de 39 billones de bacterias, tal como percibió en el siglo XVII Antonie van Leeuwenhoek, si bien la microbiología ha ido afinando y ajustando cálculos y observaciones a lo largo de estos cuatro siglos que nos separan: 30 billones células humanas frente a 39 millones de elementos "externos"; y si los cálculos no son 100% exactos, poco importa. La esencia es que somos multitud. Y al igual que el ser humano se ha adaptado a los diferentes climas y territorios del planeta, nuestros microscópicos acompañantes vitales se ha especializado y adaptado a los diferentes ecosistemas que ofrece el cuerpo humano: desde la sequedad exterior del antebrazo al calor y la humedad de la nariz o el intestino. Y tal compañía tiene un peso específico, concretamente entre uno y dos kilos (Young, 2018)

Sin embargo, a pesar de la cohorte microscópica que componemos, hemos mejorado algunas capacidades simbólicas como individuo dentro de un colectivo. Capacidades que nos han permitido construir una serie de elementos diferenciadores, para bien o para mal, entre homo sapiens y otras especies e incluso entre seres humanos; somos y formamos parte de un proceso evolutivo natural y cultural. Tan complejo y simple como eso; aunque a veces, con diferencias en distintas épocas y entre diferentes culturas, hemos soñado con ser algo más, unos animales transformados en dioses, como recreó el antropólogo Yuval Noah Harari. Pero dentro de ese proceso y atendiendo más a elementos biológicos que culturales, no somos más que otro ser vivo del planeta sujetos a las mismas reglas, restricciones y determinaciones. Y dentro de ese paradigma, además de compartir espacios y ecosistemas, los recursos, las mismas presas y los mismos depredadores, también podemos compartir, hospedar los mismos parásitos y patógenos y padecer el mismo destino.

Desde una perspectiva etnocentrista y antropocentrista estamos a habituados a considerarnos en la cima de cualquier cadena que seamos capaces de componer y diseñar: nos creemos en la cúspide de la pirámide alimentaria y cultural, con derecho a depredar impasiblemente cualquier forma de vida sobre el planeta -incluidos otros grupos humanos-. Cuestión que nos ha llevado pensar que somos invulnerables, obviando la cruda realidad: somos un ente biológico más. Como especie llevamos un suspiro en el planeta. Y mucho menos comprendiendo las dinámicas evolutivas; de hecho hasta hace poco, y aún hoy, hay quien considera que estábamos por encima de ellas. Por eso la fragilidad que hemos mostrado ante un microorganismo que nos ha conquistado por sorpresa, desatando la alarma sanitaria y estadística, nos desestabiliza como sociedad; porque se ha puesto en evidencia la total vulnerabilidad humana ante este tipo de ataques que, de manera inmisericorde, diezman nuestras vidas y nuestro orgullo. Pero el virus actúa sin ética ni moral, inconsciente de lo que hace. Es puro instinto vital, si podemos adjudicar este adjetivo a estos agentes que se encuentran por definición entre ser vivo o inerte. Pero el origen de la vida se encuentra precisamente en estas formas primitivas que colonizaron el planeta en tiempo ancestrales y que a través de los procesos evolutivos diversificaron el ingente catálogo de formas vivas del que formamos parte y que menospreciamos en la actualidad. Si compartimos algo con la estrategia invasora del covid19 es precisamente el factor sorpresa ante el ecosistema que nos rodea: homo sapiens no fue un producto realizado a imagen y semejanza de nada ni nadie, sino un conjunto de mutaciones sucesivas y aleatorias que nos convirtieron en un mono especial, sin pelo y con una serie de habilidades que nos destacaron frente el resto. Visto lo visto y en consecuencia con lo expuesto, el primer paso, una vez superada - o al menos contenida- la pandemia, debería ser replantearnos nuestra relación con el planeta y naturaleza, conteniendo nuestras formas de explotación y reduciendo nuestro inaguantable impacto.

La ley natural dice que las especies que se adapten al medio son las que prosperan; no aquellas adaptan el medio hasta su extenuación. 10.000 años de erosión antrópica han sometido al planeta a un desgaste exponencial. No pensamos como colectivo, no pensamos como especie, queremos estar siempre felices, idiotizados, entretenidos, bien vestidos y disfrutar del paladar, pero nos olvidamos de ser animales y comportarnos como animales llamados a la supervivencia. La naturaleza nos dotó de capacidades que actualmente no son válidas para la supervivencia, pero a su vez, las hemos perdido, y la naturaleza es más poderosa que nuestra sociedad, ante una catástrofe somos demasiado débiles, porque dejamos de ser el animal que éramos. La tecnología y la sociedad actual, más allá de los avances científicos, sólo ha transformado nuestra "cáscara exterior" lo menos importante. Lo que nos hace humanos y nuestras necesidades primarias han visto enormemente perjudicadas por la tecnología, tanto en cuanto, nos hace menos animales. Nos hemos quedado sin intuición, sin capacidad de supervivencia. Como individuos no tenemos ninguna capacidad de sobrevivir, somos dependientes del grupo y de las tomas de decisiones externas, que nos conducen a la vida o a la muerte. El animal más inteligente y el más débil a su vez. Quizá sea el momento de un cambio de hábitos, porque es posible que estemos llegando a un punto de no retorno: en la sociedad hay una falta de conciencia de la gravedad de muchos de los riesgos globales a los que nos enfrentamos.

Teníamos toda nuestra atención puesta en los riesgos de la inteligencia artificial, la robótica y los algoritmos como desafío ante una futura sociedad distópica. Al final ha sido un agente primitivo y simple la que nos ha puesto en jaque y la que trae el riesgo como sociedad. El peligro no era la tecnología, el peligro fue siempre la naturaleza. Es lógico, nuestros enemigos como especie residen en nuestro medio natural. Nada más poderoso que la biología y el medio que nos es propio.

Del COVID-1.9 al caos 2.0.

El COVID-19 ha generado una crisis pánico que ha colapsado el planeta. Un terror ancestral ha despertado en plena posmodernidad y ha puesto en jaque nuestro sistema y nuestras formas de vida. El miedo es libre y cada uno coge el que quiere, así que gobiernos, empresas y particulares han decidido administrar su cuota de pánico para enfrentarse ante un enemigo microscópico que a pesar de su minúsculo tamaño ha conseguido doblegar a la humanidad del siglo 21 que hace 50 años llegaba a la Luna. Los efectos no se han dejado notar a medida que el microscópico ente saltaba de país en país llegando a todos los rincones del planeta, haciendo patentes la teoría de los seis grados de Frigyes Karinthy; a fin de cuentas el mundo es un pañuelo -libre de virus por favor-. Las bolsas han caído de manera general e irremediable y los gobiernos han dictaminado normas de control poblacional con la intención aparente de limitar el avance de la pandemia, de la que ya no escapan ni las mascotas. Sectores industriales y comerciales se paralizado -algunos con una perspectiva más que pesimista- en diferentes lugares del mundo y la economía retrocede de manera ignota. Ciertos mercados son obligados a hibernar mientras otros, considerados básicos, sufren desabastecimiento. Los productos tecnológicos aumentan su precio en esta lógica comercial debido a una descarnada aplicación de las leyes de la oferta y la demanda. Pero quizá sean los productos sanitarios y farmacéuticos los más sujetos a una despiadada guerra comercial de precios desprovista de toda ética, no sólo entre canales minoristas, sino también en dinámicas estratégicas a nivel global generando conflictos entre estados por la consecución de material médico y la patente de una vacuna.

Los siempre vilipendiados sistemas educativos tampoco escapan a este nuevo modelo de caos: de centros educativos han paralizado toda actividad, desde la asistencia a clase hasta los viajes o intercambios escolares. la psicosis está servida. El centro de esta onda expansiva, Wuhan, se ha blindado en un acto de autoflagelación y el cierre de fábricas ha evidenciado, antes las imágenes satelitales que muestran la reducción exponencial de gases en la atmósfera, que algo bueno podemos sacar de esta crisis sociosanitaria: si nuestra actividad industrial disminuye, nuestro planeta lo agradece en un tiempo récord.

Si hay un agente que ha jugado un papel fundamental a la hora confrontar opiniones han sido los canales de comunicación masivos. Si hay algo que puede caracterizar la crisis del Covid19 en el plano mediático es la desinformación. Alfons Cornellá nos previno hace una década acerca del peligro de la infoxicación, el exceso de información procedente desde varios frentes y que bombardea constantemente al consumidor de medios. Condiciona también a este exceso de comunicación la proliferación de múltiples medios al amparo de los cada vez más polarizados grupos mediáticos. En una feroz lucha por captar la atención de la ciudadanía convergen fake news y titulares sensacionalistas que en situaciones críticas como la que estamos viviendo producen el efecto contrario de lo que deberían por propia definición: comunicar e informar. Y de manera paralela, las redes sociales han sido la trinchera perfecta para desarrollar una estrategia de acoso y derribo, un mentidero donde cualquier armamento era bienvenido con tal generar expectación, odio o la difusión de las ideas más estrambóticas y que cualquier periódico que guardase un atisbo de credibilidad no se habría atrevido a publicar. Ciudadano Kane, en 1941, ya afirmaba que si el titular es grande la noticia se vuelve importante. Así, cada medio ha construido una realidad o una interpretación de la misma según sus intereses ideológicos. Lo importante no ha sido el virus en sí, porque en juego había mucho más que una crisis sanitaria y millones de muertos: hay una lucha de poder y de posicionamiento.

Un mar de información, en la era de la comunicación, se convierte en desinformación. Todo se vuelve en nuestra contra, no tenemos control sobre nada, ahora ni tan siquiera sobre nuestra conducta. No se puede obviar el papel de la prensa de alcantarilla a la hora de incendiar la opción pública y fomentar la guerra ideológica. A pesar de que los bandos ideológicos tienen prensa ad hoc a diferentes niveles (desde prensa "seria" a prensa "de tercera"), se hace necesario un nivel de enfrentamiento que supere todos los límites. En la redes sociales no hay ética, no hay normas... son un lugar ideal para encender la antorcha del odio. Un escenario en el que se pueden mezclar usuarios reales y usuarios creados al servicio de los intereses de los grupos mediáticos. Hay montajes, memes y vídeos que no están al alcance de un usuario normal: la misma maquinaria que alimenta la prensa seria alimenta las cloacas. A cara descubierta deben mantener compostura, en las redes consiguen un nivel de perversidad sin límites porque no muestra su verdadero rostro. Y esto se repite a izquierda y a derecha del arco político. Y no es nuevo, pero quizá por las dimensiones excepcionales de la crisis se ha hecho más patente esta actividad. No olvidemos que la confrontación extrema anula al pensamiento crítico. ¿Podría ser su verdadero propósito la anulación de la crítica moderada constructiva?¿Del pensamiento crítico? En el fondo esto cala en la sociedad. Las barbaridades silencian la discrepancia.

Para que los medios de comunicación pudieran alimentar la cadena de desinformación y desarrollar la espiral del miedo, hacía falta también que las autoridades fomentarán la inseguridad y el desconcierto. Las perversas cifras de infecciones y muertes han nutrido morbosamente rotativos e informativos y las cantidades, confusas, torticeras y, a veces manipuladas, han generado incertidumbre. La OMS tampoco ha sabido tranquilizar y sus métodos de ensayo-error y sus indecisiones tampoco han ayudado a mejorar un clima crispado. Las decisiones de la autoridades sanitarias parecían orientadas a conseguir justo el objetivo contrario al que perseguían, lo que da que pensar si sería para conseguir justo el objetivo contrario al que pretendía perseguir ¿Una mala gestión en realidad o una magnífica, cuidada y estudiada gestión? El caos generado da alas a los gobiernos más beligerantes para imponerse en el panorama mundial. China y Estados Unidos están protagonizando una nueva guerra silenciosa para tomar el liderazgo planetario de las próximas décadas mientras Alemania aguarda silenciosa y la Unión Europea ha dejado escapar una excelente oportunidad para demostrar lo podría haber sido.

Los parias pandémicos

Desde el orden cósmico hasta el más minúsculo sistema perceptible por el ser humano, los elementos se distribuyen y relacionan de forma siempre desigual. La desigualdad es una constante asumida por cualquier conjunto de sistemas, con elementos beneficiados y elementos perjudicados y la polarización de recursos es inherente de cualquier crisis. ¿Quién está sufriendo el impacto con más fuerza? Los que tienen menos recursos. Y esta máxima se convierte en aforismo en cualquier ámbito de la actividad económica o social que tomemos.

Si tomamos como ejemplo los elementos tratados en el punto anterior podemos comenzar afirmando que los sistemas educativos, organismos tremendamente complejos y burocratizados, acostumbradas a pequeños cambios rumiados a costa de ir por detrás del cambio social, se han visto desbordados de repente. El cierre de centros educativos ha supuesto un revés para las sociedades no sólo por las pérdidas curriculares de los discentes, sino por la ruptura del equilibrio garantizado de la división del trabajo, ya que las familias se encontraron de repente con un problema inasumible y con el que ni ellas ni los propios estados habrían llegado a plantearse. Este problema se suavizó con los estados de alarma general y la supresión de las actividades económicas no esenciales, que encerraron en casa a familias completas, aunque esta situación debilitó aún más a las capas más débiles y sensibles de cada sociedad. Ha sido necesario reinventarse: reelaborar el espacio familiar y la propia escuela, pero la brecha curricular vuelve a afectar de nuevo a las familias menos favorecidas, pues el modelo teleformativo requiere de una infraestructura, estructura y superestructura concretas y planificadas, extremo no alcanzable de un día para otro mediante la improvisación generalizada y el parcheo sistemático de las necesidades que van surgiendo. La teleformación improvisada se ha impuesto ante la propia necesidad que ha marcado la pandemia global y el necesario confinamiento para intentar atajar la expansión vírica. Y en medio de esta dificultad sobrevenida las brechas digital y cultural se acentúan especialmente en las esferas más deprimidas y marcan escenarios diferentes, pero desvelan la problemática de numerosas familias incapaces de satisfacer las necesidades educativas de su prole. Y es más grave en los primeros niveles educativos, donde el alumnado es más indefenso y aún incapaz de continuar con la tarea del aprendizaje de manera autónoma que en secundaria o bachillerato, donde los resultados pueden ser mejores, pero aún en la inexistencia de canales oficiales establecidos. En la universidad los estudiantes han tenido algunos años para dotarse de recursos y estrategias, pero una alumna o alumno de primaria no. No todas las familias entienden lo que se les pide o no tienen tiempo -ni costumbre de dedicar ese tiempo- para apoyar académicamente a los peques (pura reproducción *burdielana*).

En el plano económico los efectos se ven desde el primer día de confinamiento: los negocios pequeños cierran pero los grandes siguen abierto y los grupos mediáticos afines erigen en héroes a los grandes empresarios, que fagocitaran de nuevo a los agentes más débiles, ganando cuota de mercado y haciéndose cada vez -paradoja en una pandemia incontrolada- inmunes a la crisis que sobrevendrá cuando la normalidad comience a establecer tímidamente. Los pequeños sufren la presión de impuestos, alquileres, facturas de luz, agua...) mientras los grandes copan todo el mercado y además generan tendencia y hasta una cierta pedagogía de la desgracia (muchos clientes ganados permanecerán).

Evidentemente mientras más grande sea una empresa más posibilidades tiene de no ahogarse en esta crisis y más reforzada saldrá después de ella, ya que el tiempo que haya durado el confinamiento habrá hecho su cuota de mercado más la de los pequeños negocios a los que se le prohibió abrir. Y cuando termine el encierro, además de la ventaja del negocio hecho, se enfrentará a un tejido debilitado y golpeado desde una posición de superioridad. Es evidente, cada crisis tiene sus perdedores y sus vencedores.

La pandemia transmedia.

Aunque parecía imposible que la situación pudiese ocurrir, ocurrió. Sin embargo la idea ya había sido orquestada con anterioridad en el ideario colectivo y construida a partir de una dimensión transmedia. La narrativa transmedia, estudiada por el investigador de los medios y la comunicación argentino Carlos Alberto Scolari se basa en el análisis de un tema que se permeabiliza y trasciende en diferentes medios, y el covid ha sido un virus vírico -permítanme la redundancia-, pero también viral y transmedia. Las novelas -o cómic-, los videojuegos y películas distópicas que se han hecho un hueco en la maquinaria hollywoodiense han facilitado un discurso del pánico ante un hipotético evento que transformase las reglas de convivencia y los modos de producción a los que estamos habituados. Y aunque la idea de un espacio alternativo, diferente y diferenciador de idiosincrasias no es nuevo -Tomás Moro lo recreó con maestría hace 500 años- el estilo narrativo *mainstream* tiene un impacto evidentemente mayor en la sociedad de consumo rápido en la que vivimos (vale, también está más contextualizado). Además, en cualquiera de los agentes de la ecología de medios, la carta está preparada para todas las edades y gustos: para niños, para adolescentes, para adultos, para positivistas, para catastrofistas, para creyentes y para agnósticos; no hay límites cuando se trata de recaudar en taquilla. Y tras la dimensión creativa, artística y comercial, el cine ha ejercido asimismo una función didáctica al respecto y nos ha enseñado a entender el concepto y también a crearlo, creerlo y vivirlo. Hemos aprendido a crear y asimilar el pánico ante la llegada de extraterrestres, *zombies*, explosiones nucleares, catástrofes naturales, colapsos ambientales o -y este es el agente que más nos interesa en este momento-virus. Ha habido intentos más fantásticos, otros más sensacionalistas, pero también algunas aproximaciones casi documentales en la gran pantalla. *Contagio* (2011, *Steven Soderbergh*) juega con varias de las variables que rodean al aura de misterio e incertidumbre que rodea al COVID-19: origen geográfico, mutaciones víricas, lucha de intereses, enfrentamientos políticos y el conflicto y la pugna entre diferentes agentes por conseguir una vacuna -lo que establecería ya una relación de poder por la perversidad de las patentes farmacéuticas-. La escena final de la película cuenta cómo el virus llega desde un murciélago al paciente cero, el primer ser humano en incubar al agente patógeno que después transmitirá de manera exponencial, generando el colapso de la sociedad en pocas semanas. Dos años más tardes *Kim Sung-Su* dirige *Virus* (2013), más efectista, y poniendo al límite la condición humana retratando el lado más violento y perverso de las tensiones entre diferentes agentes de poder al margen de la ley. Por su parte José Saramago, en *Ensayo sobre la ceguera* (1995) analiza una misteriosa pandemia de ceguera, pero que no deja de ser una excusa para mostrar una sociedad egoísta incapaz de colaborar con el prójimo una vez que las estructuras sociales habituales se han desmoronado. La lucha por la supervivencia muestra el lado ruin y violento de la naturaleza humana más primitiva y primaria cuando el orden social desaparece.

Tres ejemplos entre un amplio catálogo que nos han ofrecido un retrato premonitorio de lo que estamos viviendo y una incómoda realidad a la que hemos referido anteriormente: somos un ser vivo más en planeta, expuesto a los mismo peligros que el resto de nuestra "cadena trófica". Lo hemos vivenciado a través de películas, videojuegos o la lectura anticipándonos al momento con un efecto dopamínico. Esta anticipación al fenómeno sin embargo no ha servido para prepararnos ante el mismo y, como sociedad, hemos mostrado no estar preparados para enfrentarnos a una pandemia.

El enfoque humanista: ¿lo mejor o lo peor de la humanidad?

David Lynch, personaje mediático al que la prensa da voz aunque en este caso no tenga información ni datos serios ni necesarios que añadir, ha aprovechado su momento de popularidad para afirmar que "el mundo será más amable tras el coronavirus". Tan respetable es su opinión como la del Edgar Morin, quien desde su espacio de responsabilidad académica busca una opción menos simple y que, sin ser catastrofista, no es tan optimista como la de Lynch. El casi centenario filósofo francés, armado de la sabiduría suministrada por la profesión y la edad, pone en tela de juicio la solidaridad y el buenismo humanista al afirmar que "la interdependencia entre los países, en lugar de favorecer un real progreso en la conciencia y en la comprensión de los pueblos, ha desatado formas de egoísmo y de ultranacionalismo [...] El virus ha desenmascarado esta ausencia de una auténtica conciencia planetaria de la humanidad". Sin embargo, su actitud frente a la humanidad mejora cuando reflexiona acerca del individuo y su comunidad próxima: "en Francia, por ejemplo, cada noche tenemos una cita en nuestras ventanas para aplaudir a nuestro médicos y al personal hospitalario que, en primera línea, asiste a los enfermos. Me he emocionado, la semana pasada, cuando he visto en televisión, en Nápoles y en otras ciudades italianas, a las personas asomarse a los balcones para cantar juntas el himno nacional o para bailar al ritmo de las canciones populares". Podemos analizar pues, a partir de este enfoque *moriniano*, dos niveles de interacción: por un lado un marco de relaciones gubernamental y transgubernamental, según sean decisiones nacionales respecto a sus administrados y transnacionales si se trata de relaciones entre países; y, por otro lado, un marco intra e interpersonal.

Una cosa que hemos aprendido es que el modelo occidental se ha mostrado poco ágil y flexible para enfrentarse a nuevos retos y la solidaridad y la compresión entre estados no ha sido precisamente ejemplar. Y si retomamos el enfoque darwiniano y lo aplicamos tanto al virus mutante como a la expansión de la propia pandemia, no sobrevive el organismo - en este caso la institución- más fuerte, sino el mejor adaptado: occidente no ha sabido adaptarse a la realidad constantemente cambiante y los retos que, de manera, consecutiva, iba desenmascarando esta crisis. Semanas antes del caos EE.UU chantajeaba a sus socios europeos para que renunciasen a China y a su floreciente 5G. Pero a la hora de la verdad, frente a una crisis global, EE.UU. veta la entrada de ciudadanos europeos como respuesta a la crisis del coronavirus. No obstante, a pesar de las bravuconadas de Trump, el deficitario y polarizado sistema sanitario estadounidense es el idóneo para que el virus se haga fuerte y se consolide como agente vitalicio. Y la alerta será sólo relativa, pues las estadísticas no siempre serán concluyentes antes falta de evidencias médicas: si no se diagnostica la enfermedad, el caso no formará parte de los cómputos oficiales, y si no se hacen los test para detectarla - por estrategia política o por el inasumible coste que supone para el ciudadano ordinario- no podrá ser diagnosticada. Al mismo tiempo, su troyano en Europa, paladín neoliberal en que se mira parte de la sociedad española, decreta que la economía prima sobre las vidas humanas. Y los euroescépticos -propios y extraños- aprovechan para echar tierra sobre las instituciones comunitarias. Esto ha generado un trepidante malestar dentro de la propia Unión, en la que se ha perfilado una oposición coyuntural -aunque de base estructural- entre bloques de interés, redefiniendo nuevamente los tradicionales enfrentamientos entre los países del norte y los del sur, con posicionamientos muy distintos en gestión económica pero también en prioridades. Los estados mediterráneos, más caóticos, pero más familiares, están anteponiendo la vida a la economía. Los nórdicos, más luteranos, más liberales, anteponen la economía a la vida. De hecho, en un primer momento Reino Unido pensó no hacer confinamiento y EEUU tampoco. Trump afirmaba que que si la crisis paraba en 100.000 muertes, sería un logro. Más tarde se vieron obligados a retractarse y modificar sus medidas, o la falta de ellas. Por otra parte, como tras cada crisis un nuevo orden geopolítico se redibuja, al otro lado del mundo. China respondiendo al desafío estadounidense, se ofrece a enviar ayuda y equipos médicos a los países más afectados, intentando por una parte lavar su imagen en este turbio affaire y por otra posicionarse en el nuevo tablero de juego, buscando nuevos socios para echar la partida que se avecina. Sin embargo, no deja de ser espeluznante la imagen de un régimen dictatorial intentando rescatar a las desgastadas democracias europeas, debilitadas por los enfrentamientos en el Parlamento Europeo, pero también por los ataques que algunos gobiernos reciben desde la oposición.

Tal como planteábamos tras exponer las percepciones de Morin, dedicaremos un segundo tiempo a reflexionar sobre las relaciones de corto alcance, entre iguales. En un plano más humano, más individual o al menos de pequeñas relaciones y distante de los escenarios de la toma de decisiones de gran alcance, también encontramos esa disyuntiva entre el bien y el mal. Los aplausos desde los balcones suponían una forma de interacción social alternativa, dejando entrever la necesidad de contacto social del ser humano. No obstante era un efecto más balsámico que benefactor. Otras acciones concretas, individuales o de pequeño radio de acción, como elaboración de mascarillas y material sanitario alternativo, aunque se haya demostrado que en bastantes ocasiones el esfuerzo es vano también han ayudado a generar tejido social. Durante la crisis también han aflorado otros procesos que sacan a relucir las peores caras del ser humano, como noticias de saqueos en el sur de Italia, robos coordinados en

México y otros países de Centroamérica e incluso la destrucción de un centro de rescate en Costa de Marfil. De igual manera en España se han detectado redes organizadas para saquear domicilios de personas mayores. También ha habido acciones que si bien no buscaban un efecto lucrativo, sí que pretendían intimidar a ciertos colectivos, como policías o sanitarios que han visto cómo sus vecinos proferían frases difamatorias o vandalizaban sus propiedades a pesar de que su labor pretende repercutir en la sociedad, incluso en el bienestar de aquellos que producían el daño. El encierro también ha despertado la necesidad de denunciar al prójimo que no cumplía la norma impuesta, despertando al vigía interior con ánimo de ejercer, aún de manera indirecta, poder y control sobre el infractor, tal y como analizó Foucault en la teoría del panóptico social. Pero la figura del héroe anónimo, policías, sanitarios, dependientes... también era necesaria dentro naming de la pandemia para la aceptación de la situación, atendiendo a un milimétrico engranaje, con una respuesta nefasta frente a la pandemia pero una magnífica respuesta frente al control del malestar de los ciudadanos.

¿Escenario poscrisis o escenario postapocalíptico? Dudas sobre la vuelta a la calma-

El tratamiento de todo el proceso de pandemización y despandemización ha sido más estadístico que terapéutico. Debido a las proporciones del problema, se ha trabajado a niveles globales, si bien la comunicaciones a este nivel -entre estados, sobre todo- no han estado a la altura y se ha hecho latente como uno de los enfoques era maquillar cifras, lo que suponía una mejor o menor posición en los macabros ranking de contagio, mortalidad y recuperación. Pero lo más preocupante para los sistemas sanitarios como institución era evitar el colapso orgánico del sistema; no era tan importante salvar enfermos como era evitar la saturación y bloqueo del mismo. Con este virus se ha introducido un léxico sobre proporciones y dimensiones a los que no estaba acostumbrada la ciudadanía al hablar de patologías. Los medios de comunicación han ejercido una función didáctica de la epidemia acercando a la opinión pública la importancia de conceptos matemáticos aplicados a la medicina pandémica para crear el ideario el virus de la curva, concepto que se ha convertido en referente de las cotizaciones cotidianas de la acción vírica cobre las poblaciones afectadas.

Sin embargo, la conclusión que podemos ir desarrollando a la luz de los hechos acontecidos en los últimos meses es que igual que la pandemia llegó y no encontró barreras efectivas - a pesar de los mensajes previos que fueron ignorados- el virus se va a quedar con nosotros condicionando nuestra economía y nuestra forma de vida. El fin del confinamiento no será nada sencillo, ni en lo relativo a la salud ni mucho menos, claro, a nivel económico. En China, avanzadilla pragmática, están fallando los intentos de volver a la normalidad. La única opción es la vacuna y la farmacología. El virus no va desaparecer. A menos que encontremos una solución médica efectiva y masiva, la vuelta a la normalidad será a una normalidad diferente: menos proximidad, menos contacto. Las formas de relación social van a verse seriamente transformadas, sobre todos en sociedades de contacto, como las ribereñas del mediterráneo, más acostumbradas al trato social de proximidad.

Y también deberemos acostumbrarnos a las heridas de la pandemia y a la desaceleración económica posterior y a la pérdida de ciertas libertades. Al respecto, Géraldine Schwarz, reflexiona que "con la pandemia y las medidas excepcionales estos valores (los democráticos) están amenazados." Y a continuación se pregunta "¿Seremos capaces de combinar la emergencia sanitaria con la democracia?" (Cruz) Cualquier crisis actúa de manera darwinista, depurando el sistema, eliminado al más débil y dejando más espacio al más fuerte. Además, la doctrina del shock que describió la activista canadiense Naomi Klein nos anticipa también que tras una crisis aceptamos tanto como individuos como colectivo una serie de imposiciones que de otra forma no hubiéramos asumido: tras el derrumbe de las Torres Gemelas en 2001 aceptamos recortes de libertades personales, tras la crisis financiera de 2008 aceptamos recortes en el estado del bienestar y una serie de privilegios para las entidades financieras; tras la crisis del COID-19 aceptaremos un mayor control de nuestros movimientos así como la cesión de nuestra privacidad al *big data* gubernamental y avanzaremos hacia una sociedad *orweliana* del control total: estados cada vez más fuertes al mando de líderes cada menos carismáticos y faltos de liderazgo. Tras el confinamiento coyuntural de las personas se vislumbra también otro confinamiento estructural de las libertades en algunos casos violando los derechos y las libertades individuales, lo más sagrado que nos han traído las democracias contemporáneas. Necesitamos una reflexión verdaderamente seria del mundo en el que creíamos que vivíamos en comparación con el mundo en el que de verdad vivimos

Bibliografía

Carrithers, M. (1995) *¿Por qué los humanos tenemos culturas?*, Madrid: Alianza.

Cruz (6 de abril de 2020), Entrevista a Géraldine Schwartz. *El País*. Recuperado de https://elpais.com/

David Lynch: El mundo será más amable tras el coronavirus (15 de abril de 2020) *Cultura Inquieta*. Recuperado de https://culturainquieta.com/

Del Arco, J (2004) *Elementos de ética para la sociedad red*. Madrid: Dykinson.

García Aller, M (2020) Por qué los políticos no hicieron caso al científico que alertó de la pandemia. *El Confidencial*. Recuperado de https:/www.elconfidencial.com

Gleick, J (1987) *Caos: la creación de una ciencia*, Barcelona: Seix Barral.

Jimenez, D. (9 de abril de 2020) El secreto letal de España: no teníamos "la mejor Sanidad del mundo". *The New York Times*. Recuperado de https://www.nytimes.com

Loria, K (13 de mayo de 2018) Bill Gates avisa: una nueva "gripe española" mataría hoy a 30 millones de personas en 6 meses. *Business Insider.* Recuperado de https://www.businessinsider.es

Ordine, N (12 de abril de 2020) Entrevista a Edgar Morin. *El País.* Recuperado de https://elpais.com/

Parkin, S. (27 de noviembre de 2018) Así será nuestra próxima pandemia global. *El País.* Recuperado de https://elpais.com/

The Food Marketing Institute para el FMI (marzo de 2006) Preparación ante la probabilidad de una pandemia de gripe aviar. Un recurso de planificación para la industria de comestibles

Yong, E (2018), *Yo contengo multitudes: los microbios que nos habitan y una mayor visión de la vida*. Barcelona: Debate.

Sobre el autor.
Alfonso Vázquez Atochero es profesor de Didáctica (Universidad de Extremadura) y Marketing Digital (Universidad Americana de Europa - UNADE). Es doctor en antropología y Comunicación Audiovisual y Máster en Dirección estratégica y Gestión de la Innovación por la Universidad Autónoma de Barcelona. Su labor investigadora desde hace más de una década se centra en el cambio social provocado por el uso de las tecnologías digitales.

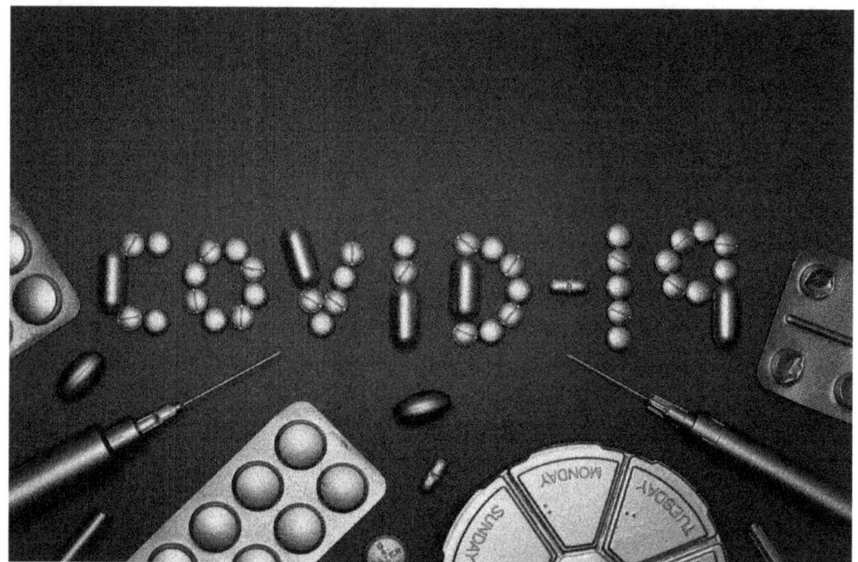

Pixabay /Padrinan

La Pandemia en la cotidianidad: El COVID-19 y las nuevas dinámicas globales.

Andrés Eduardo García López.
Antropólogo, UCV. Especializado en Marketing.
Fundador de Emprender Hacks. https://emprenderhacks.com
andreseduardogarcialopez@gmail.com.
Abril de 2020, Caracas, Venezuela.

Resumen

Los desastres son productos sociales que permiten entrever las condiciones de vulnerabilidad de cada país, Estado o sociedad. Además de examinar a la pandemia del COVID-19 y como ésta ha transformado desde las políticas estadales estrictas la cotidianidad de las personas de todo el mundo, este artículo intenta aproximarnos a como la pandemia se convierte en una ventana para observar las respuestas sociales y la falta de preparación del mundo moderno para lidiar con éste tipo de amenazas. Todo ello en un contexto hiperconectado, que produce datos y contenido a una velocidad nunca antes vista, situación que ha permitido simbolizar en un tiempo acelerado al COVID-19, incluso insertándolo dentro de la lógica del capital y transformando la manera de obrar de la sociedad global. Todo ello se debe analizar desde una mirada interpretativa, propio de las ciencias sociales, para comprender cómo actuar ante eventos desastrosos, y de esa forma plantear alternativas al respecto.

Las políticas frente al desastre y su impacto en lo cotidiano.

Los desastres son procesos históricos y sociales, que visualizan la relación de la sociedad y la cultura frente a la naturaleza, por ello siguiendo esta óptica y para hacer un tratamiento más certero de los mismos, los desastres no son naturales, nacen en el seno de una relación entre lo natural y lo cultural. Estamos frente a un evento desastroso que ha y está transformado al mundo, por lo tanto, es imprescindible que los científicos sociales reflexionen al respecto para conocer las formas de actuar de la sociedad y así tener una visión más clara sobre las implicaciones que trae consigo esta pandemia.

El mundo desde su extremo oriental, hasta su occidental está parcialmente paralizado. El virus denominado como COVID-19 –acrónimo de *Coronavirus disease 2019* -, ha sido el causante de dichas transformaciones, dejando a su paso una estela de desgracias y de cambios significativos en la sociedad moderna. Un evento, de características particulares como la pandemia actual, no ha tenido un símil a lo largo de la historia, y resulta imprescindible pensar en torno a ella, para generar respuestas, vías alternas y soluciones al respecto. Además de examinar si las medidas actuales son las más óptimas, para de no ser así, transformarlas.

 Por tal razón, resulta ser la primera pandemia global del siglo XXI, que nos lleva a reflexionar sobre cómo ha trastocado la cotidianidad, recluyendo a millones de personas en sus casas, sin importar sector social, nivel de ingreso o ejercicio de poder, y desatando con ello otras crisis que son claves para reflexionar qué tan vulnerables somos frente a eventos de éste tipo y que tan poco preparados estábamos. Como decía el sociólogo alemán Ulrich Beck (2006): "En la modernidad avanzada la producción social de riqueza va acompañada sistemáticamente por la producción social del riesgo" (p.29).

La nueva pandemia trae a colación un debate que no deja a nadie indiferente. Existe un choque entre modelos de sociedad, impulsado por saber cuál de las Políticas Estadales frente a cómo contener el virus, es la más eficaz. Siguiendo lo reflexionado por Byung-Chul Han -filósofo surcoreano residenciado en Alemania-, de un lado se encuentran los modelos de vigilancia y control propios de las sociedades asiáticas con características particulares, y del otro los estados liberales, donde la libertad individual es el valor más preciado, aunque discrepando un poco con Han, también existen sistemas híbridos en Asia y en el mundo cuyo control de la propagación del virus ha sido bastante eficaz, como es el caso de Singapur, Japón o Alemania.

Sin embargo, toca reconocer y siguiendo el hilo principal de la premisa de Han, según los datos que se poseen hasta el momento en *wordmeters*[1] el control exhaustivo de las sociedades asiáticas frente a la pandemia, ha evitado una rápida propagación del virus, mientras que las sociedades occidentales se han visto en aprietos por la rápida propagación del mismo, poniendo en tela de juicio para muchos, el más importante de los valores modernos: la libertad individual frente al bien colectivo.

Un ejemplo de ello son el comportamiento de sociedades como España e Italia, en cuanto al tema de la reclusión y el control en la pandemia, y más emblemático es el caso de los Estados Unidos de Norteamérica, cuyo crecimiento exponencial en las últimas semanas ha constatado la diferencia en cuanto al control y las medidas estadales frente a países como Japón o China —exceptuando la posibilidad de que las cifras del Estado Chino estén camufladas-.

Las medidas impuestas en todo el mundo de alejamiento social, cuarentena y paralización parcial o total del aparato productivo, ha incidido en la cotidianidad. Esta vez, impulsado por medidas estadales que demuestra la incapacidad de dar respuestas óptimas frente a la pandemia, porque si bien la cuarentena es una medida que nos permite ganar algo de tiempo, también deja entrever la incapacidad propia del

---

[1] https://www.worldometers.info/coronavirus/

mundo para actuar de manera correcta frente a momentos críticos.

Por ello, siguiendo lo planteado por Altez –antropólogo venezolano, especialista en desastres- de su publicación del portal *Prodavinci,* el mundo entero ha demostrado, no estar preparado ante un desastre de tal magnitud, llegando a tomar medidas que impulsan el nacionalismo, e incluso estados de alarma y cierre de fronteras que constatan la falta de preparación de los Estados para lidiar con amenazas naturales como el virus del COVID-19, además de forzar a la población a recluirse en casa, sin importar los problemas derivados de estas medidas.

Además, tal reclusión desde mi perspectiva, genera una mayor coerción y un control exhaustivo -en algunos casos extremo- del comportamiento de los individuos en los países, estableciendo puntos de control, limitaciones en el número de compras y demás barreras impuestas desde los Estados, cuyas repercusiones aún no inimaginables para el libre tránsito de los individuos.

En este sentido nuestra cotidianidad cambió; ya los saludos son de lejos, el tapaboca está de moda y en las redes sociales así como en los medios de comunicación no dejan de emitir noticias al respecto, generando con ello un mayor grado de ansiedad e incluso de desconocimiento frente al patógeno.

Una vorágine de *fake news* –noticias falsas-, también se han desatado frente a la oportunidad que les ofrece está nueva pandemia. Sin respuestas claras por parte de la ciencia, muchos diarios o portales webs aprovechan dicho vacio de sentido para ganar visibilidad, mediante el uso de noticias falsas. Siguen prevaleciendo los negocios en lugar de la salud de las personas, sigue siendo más importante el control social frente a respuestas que permitan solventar los problemas, como darse a la tarea de invertir más en desarrollo tecnológico en materia de salud y control de enfermedades que en armas, por parte de los Estados.

Los impactos en la cotidianidad son incalculables, solo el tiempo permitirá observar que cambios traerá la pandemia y una cuarentena tan prolongada en un mundo digitalizado e hiperconectado. La única vía de escape para muchos e incluso la forma de conseguir que su rutina diaria no se vea tan afectada, ha sido un uso acelerado de los medios digitales, pero esto es solo alcanzable para unos pocos, ignorando a aquellas personas que viven del día a día, y con una ruptura tan abrupta del sistema mundo como la actual se debaten entre el COVID-19 y el hambre.

Es esencial, reflexionar sobre la pandemia en cuanto a sus implicaciones sociales y culturales, y no sólo económicas. En este sentido, no basta con contenerla, por medio de una reclusión forzada, pues las implicaciones y afecciones para grandes sectores de la población son inestimables. El desastre consecuencia de la amenaza del COVID-19, irá aflorando nuevas problemáticas que cada país gestionará desde sus posturas políticas e ideológicas propias y desde sus propias condiciones como sociedad.

Existen medidas como las impuestas por China de controlar a su población mediante el uso de la Big Data y también respuestas como la de Estados Unidos, de dejar de financiar a la OMS, desatando una lucha política continental en medio de la tormenta, una lucha entre posturas y modelos de sociedad. Algo como una "guerra fría covidiana".

Todo esto demuestra que los desastres, son ventanas que permiten observar el estado de las sociedades y sus condiciones. A mayor vulnerabilidad, mayor será la crisis propia en el seno de la sociedad o país. Muchas de las políticas se debaten entre la economía y la cuarentena, y allí radica otro punto de peso, porque en una economía tan acelerada como la actual, una paralización parcial desencadena otros puntos de crisis, como un aumento del desempleo o desabastecimiento por falla en los canales regulares de distribución.

Frente a este panorama, se percibe un cambio en la cotidianidad a través de la búsqueda de nuevas formas de trabajo y logística, sin que exista un riesgo biológico al contagio entre las personas para no frenar más la cadena de distribución y evitar así problemas de desabastecimiento de alimentos a gran escala, por ejemplo. Tales cambios, con una alta probabilidad, darán raíces a nuevas dinámicas en las relaciones sociales de producción y además de una búsqueda constante de nuevos mecanismos que permitan vivir en medio de una crisis sanitaria que amenaza con prolongarse unos meses más e incluso de uno a dos años.

En vista de que muchos especialistas alertan sobre que esta no será la única pandemia global de éste siglo, a consecuencia de la acelerada globalización y del fácil acceso que poseen hoy día las personas a viajes intercontinentales, sumado a la sobrepoblación de los centros urbanos, son el caldo de cultivo perfecto que hace posible y más sencillo el contagio de grandes masas de personas. Por tal razón, el mundo entero busca respuestas en medio de la tormenta, y espera que este punto álgido tras el Covid-19 sirva de escarmiento.

En este sentido, cada política y cada nuevo mecanismo de control estatal, genera un impacto directo en la cotidianidad y en la forma de relacionarnos con el virus, debatiéndonos entre nuestras libertades individuales o el bien común, según se le mire. El virus ha sido un punto de inflexión en la dinámica de vida del mundo globalizado, cuyas enseñanzas deben perdurar, para conseguir respuestas eficaces en el tratamiento y control de la pandemia y estar más atentos a posibles rebrotes o nuevos virus.

Por tal motivo, se debe conseguir un punto de equilibrio entre las medidas estadales, las libertades individuales y control del virus, para que no se altere aún más los hábitos cotidianos de cada una de las personas a nivel global y no prevalezcan los sistemas de control total de la población y con ello un abuso del ejercicio de poder.

Encontrar el punto medio, es una tarea compleja que requiere de la participación de distintos sectores sociales del mundo para conseguir una salida a la crisis sin tantas bajas humanas, ya sea por el virus, o por las problemáticas derivadas de una reclusión forzada, como puede ser la saturación del sistema de salud. Además, no podemos olvidar a aquellos sectores de la sociedad que tendrán un acceso limitado a la comida, e incluso la desatención sanitaria de otras enfermedades, como algunos de los problemas que ya comienzan a entreverse a lo largo del mundo.

Dentro de este panorama, los retos resultantes son múltiples y diversos y a diferentes niveles. Es allí, en donde las sociedades de la mano de sus respectivos Estados, al comprender la complejidad del momento coyuntural que se está viviendo, deben tomar medidas que alivien los impactos del virus, por ello existen distintas respuestas ante la pandemia, pero con un punto en común, cuarentena y distanciamiento social.

El papel de las redes sociales y el internet en la construcción de la nueva cotidianidad.

Una de las características más interesantes de la pandemia del COVID-19, es su construcción, simbolización y reinterpretación en un tiempo acelerado y muy corto a través de las redes sociales y los diferentes medios de comunicación online. Cuando en el año de 1918 llegó la llamada gripe española, esta tecnología no estaba disponible, por lo que era imposible una rápida difusión de la información como sucedió con el COVID-19. Incluso por converger en un momento de guerra ningún país del mundo, salvo España, notificó los casos reales de la gripe, causada por el brote del virus Influenza A del subtipo H1N1 en las primeras décadas del siglo XX.

Otro punto relevante y contrastante con la gripe española, es que en la actualidad más del 50% de la población mundial reside en ciudades, y a una densidad demográfica mayor propia de las modernas metrópolis, la propagación e infección de un virus es más acelerado, por la proximidad de los cuerpos infectados, por ende, esto es un punto a tomar en cuenta para reflexionar la actual pandemia de COVID-19.

Este nuevo proceso traído de la mano del internet, en cuanto al acceso, creación y difusión de datos, información y contenido es una gran diferencia que ha permitido construir la relación con el COVID-19 en un menor tiempo. Es tal, que hay un exceso de información proveniente de estos canales electrónicos, que eclipsan la información veraz, construyendo una post-verdad que se erige sobre todos nosotros. .

En definitiva, tal exceso de contenido y difusión de la información ha generado una multiplicidad de simbolizaciones diversas en relación con el COVID-19, e incluso muchas industrias lo han utilizado para su propio bien, objetivando y convirtiendo a la amenaza del COVID-19 en un producto de consumo masivo. Como es el caso de los anti-bacteriales de bolsillos, las mascarillas y también los laboratorios que han desarrollado pruebas de despistajes –de las cuales han existido denuncias, de que muchas de las pruebas han venido llegado con defectos-.

En este sentido, el COVID-19 es insertando dentro de la lógica del capital resignificando su sentido de agente patógeno, y añadiendo a la amenaza una concepción propia de la sociedad de consumo. Para protegernos de la amenaza, debemos estar dotados de antisépticos, mascarillas, guantes y un sinfín de productos de limpiezas para combatir al virus. Todo esto mientras se busca una posible vacuna o los Estados piensan como lidiar con el desastre.

Además, tal lógica de consumo frente al virus resulta excluyente. Pues, como se conoce con lo expuesto por Beck, los riesgos no reconocen las clases ni las jerarquías sociales, ya que pese tales medidas, puedes ser un caso más de COVID-19 y contagiar a otros. El desconocimiento y el bombardeo de *fake news*, genera rituales de protección modernos, que si bien puede ayudar, no existe una demostración científica de que sean ciertos o eficaces, puesto que desconocemos al comportamiento del virus y sus características intrínsecas.

Esto puede constatarse a través de las estadísticas, que pese al gran control sanitario en países como Japón, aún sigue apareciendo casos –aunque no se descarta la dificultad que resulta la obtención de los datos en un tiempo real y de manera fidedigna, pudiendo existir un sub-registro, esto aunque existan tecnologías capaces de hacerlo-. Entonces, se producen algunas interrogantes, ¿Tales rituales de higiene realmente funcionan? ¿Qué otras medidas se pueden crear frente a este problema?

Dentro de tales rituales de entrada y salida, que con seguridad perdurarán en muchas sociedades, países y hogares, están el de lavarse las manos con agua y jabón, usar tapabocas, no estrecharse las manos, dejar los zapatos afuera, utilizar un solo par de zapatos. Rituales que efectivos o no, dan cierta calma psíquica en quienes las practicamos.

Todos estos elementos, comunicacionales, simbólicos y culturales, han impactado en la forma en cómo las sociedades han edificado al virus. En muchos casos se constata que con el uso de la jerga médica y epidemiológica, las personas buscan llenar el vacío de sentido, que existe por la carencia de respuestas óptimas ante una amenaza natural que por sus características invisibles, resulta más compleja de contener y más difícil de objetivar. A diferencia de un terremoto o una inundación, los brotes de virus son desastres de impacto lento, es decir, se concretan en un tiempo más dilatado, generando mayor incertidumbre y un mayor grado de complejidad a la hora de enfrentarse a ellos.

Es solo con cada muerte, que nos hacemos consciente del peligro de quedar contagiado y de perecer las calamidades de ser COVID-19 positivo en la actualidad. Calamidades como la ansiedad que genera el aislamiento social total, o la presencia constante de la muerte en un mundo moderno no acostumbrado a ello. Ansiedad expandida por las constantes noticias y vídeos sobre los estragos de la pandemia en un mundo dominado por la imagen y adicta al internet.

Otro punto relevante, es que tales cambios abruptos en la cotidianidad junto a un aislamiento forzado, ha sido un promotor de emociones como la ansiedad o la tristeza, y tales emociones son variables que acelera los trastornos psicológicos por la gran carga de indecisión y cambios a la que nos hemos expuesto estos primeros meses del 2020.

Las políticas de aislamiento, llegan a las esferas más privadas de la vida de todas las personas del mundo, existe un bombardeo masivo de noticias que cimentan el terreno para dar pies a secuelas sociales importantes, tanto a nivel individual como colectivo –aumento en los casos de depresión y ansiedad, por ejemplo-. Somos testigos de un punto de inflexión en cuanto a la concepción de los desastres y su resolución.

Muchos son los que ante la dificultad de poseer alguna certeza provista por la ciencia, al no poseer el sustento alimenticio de todos los días, al sentirse solos y en completo aislamiento, al no tener seguridad, por haber quedado desempleado y carecer de los servicios básicos necesarios para sobrevivir, solo buscan un consuelo en el cielo, implorando el perdón de Dios, como se hiciese en épocas del antiguo régimen, ignorando con ello las advertencias de los Estados y sus políticas de reclusión, ya que el COVID-19 representa el menor de sus problemas y angustias, y están ante una brecha entre el aislamiento o la muerte.

¿Qué será del mundo post covid-19?

Pensar en un futuro luego del virus, es algo bastante ambicioso, para no decir imposible. Puedo tomarme a la tarea de comprender el presente y sus cambios, para hacer una aproximación en cuanto a cómo será la cotidianidad tras la pandemia de COVID-19.

Lo cierto es que los hábitos de consumo, las relaciones laborales, e incluso los intereses de los Estados cambiaran y tales posturas es probable que duren algunos años, incluso tras alcanzar alguna respuesta optima para controlar la propagación del virus, como la creación de una vacuna. Puede que cosas tan típicas como el saludo con un estrechar de mano, o el beso en la mejilla se vean transformados ante el escenario global de pandemia y sean gestos cotidianos que cambien para siempre.

Otro punto importante es pensar, cómo serán las compras y cómo las personas se van a suplir una vez que pasemos este punto crítico. Lo que se estima, es un aumento en las compras en línea y un impulso del e-commerce. Con el escenario actual de Pandemia, el internet se ha erigido como uno de los grandes aliados en cuanto a soluciones se refiere, sin embargo, las limitaciones propias de las redes, y la imposibilidad de acceso a sectores más vulnerables de la sociedad, ahonda más la brecha entre quienes tienen la posibilidad de conectarse y trabajar por internet y quienes simplemente no cuentan con el equipo tecnológico, ni el capital cultural necesario para ello.

La penetración del teléfono celular y el aumento del consumo de datos, ha permitido que hoy día más del 50% de la población mundial tengan acceso a internet, muchas personas, desde cualquier parte del mundo pueden adherirse a estos escenarios virtuales e incluso ganarse la vida en ellos, sin embargo una saturación del uso de las redes en países cuya plataforma tecnológica es ineficiente dificulta tal migración y no todo el mundo, como indique en el párrafo anterior, posee los conocimientos mínimos necesarios para tales tareas. Esto quiere decir, que pese a la masiva expansión en el uso de internet, Smartphone y redes sociales, aún la brecha se mantendrá.

Si bien es cierto, que el actual estado de emergencia a causa de la amenaza del virus, lo que hará es acelerar el proceso de adopción masiva de aparatos electrónicos y medios de trabajo por estas vías. La búsqueda de respuestas en la Inteligencia Artificial -IA-, también se acelerará. Lo cierto es que estamos ante un nuevo mundo, han sido meses que han cambiado en un tiempo muy corto las dinámicas globales en todos los niveles de la vida y la muerte.

Otro punto que no se puede ignorar son los negocios, el trabajo y el sistema mundo. Es innegable que la pandemia y la paralización total o parcial del sistema productivo están generando cambios profundos, no sólo la llegada de una crisis económica, sino que ya se han venido percibiendo como se transforma la idea de trabajo. La necesidad de migrar a otros tipos de trabajo como el remoto, supone retos y plantea nuevas necesidades de educación y entrenamiento para que el personal de trabajo pueda generar respuestas satisfactorias en un ambiente virtual, pero en el actual estado de contingencia, no se posee el tiempo suficiente para que ello sea posible.

Todo esto sin duda, traerá cambios a largo plazo, como nuevas fuentes de trabajo, mayor demanda de un tipo de trabajador específico y un cambio en cuanto a las relaciones laborales. También se alerta de una gran brecha entre los países que podrán y tendrá la capacidad de satisfacer las necesidades alimentarias de sus ciudadanos y aquellos que no. Esto ha consecuencia del cierre de fronteras, que ha hecho que los Estados redirijan la mirada a promover la industria agroalimentaria en sus países, sin embargo, son puntos que se irán constatando a medida que el mundo consiga respuestas ante la pandemia.

Sin embargo, han sido los más grandes de cada industria, empresas como Amazon –que limitó su programa de afiliados-, Facebook, Google y Aliexpress, los que más beneficio han obtenido de esta coyuntura. Sin embargo, las pequeñas y medianas empresas, tanto de tecnología, como de servicios, se están debatiendo entre sobrevivir o quebrar.

Como punto final, el pensar y reflexionar desde las ciencias sociales, específicamente la antropología, puede darnos las herramientas interpretativas necesarias para comprender las dimensiones del problema al que como humanidad nos estamos enfrentando. Además, sirve como punto de partida para darle la importancia que exigen las ciencias sociales en cuanto a la prevención y reflexión sobre las condiciones de vulnerabilidad, ya que los desastres no son naturales, sino que son el resultado de la combinación de un amenaza que posee un riesgo potencial, en un contexto con condiciones vulnerables. Con esto, se busca pensar a la pandemia y conseguir respuestas eficaces ante escenarios desastrosos, evitando así cabida a la incertidumbre y a una reproducción sin fin de vulnerabilidades.

En este punto, se observa que depende de cada país y sus condiciones de vulnerabilidad como sociedad, las respuestas que se están dando frente a la pandemia y la crisis resultante de la misma. Se ha constatado que la transparencia en los datos, en cuanto al control de la propagación de la enfermedad es algo que puede ayudar a su disminución.

Para finalizar, este punto de inflexión dado por la pandemia debe servir como una enseñanza para estar preparados ante nuevos eventos desastrosos, y mirar cuales son las vulnerabilidades especificas, para a partir de ellas generar respuestas optimas en puntos clave, para no reincidir ante eventos calamitosos. Solo de esa forma, se puede garantizar que en un futuro, no trascienda otro rebrote o un nuevo virus haga de las suyas, y vuelva a trastocar el funcionamiento del sistema económico, social, político y cultural global. Ya que, si algo queda demostrado, es que tras una paralización forzada de las sociedades, se producen mayores inconvenientes que soluciones, agravando así la actual crisis.

Bibliografía

Beck, Ulrich. (2006). *La sociedad del riesgo: Hacia una nueva modernidad*. Barcelona, España: Paidós Surcos 25.

Altez, R. (1 abril de 2020). Antropología política de un desastre global. *ProDavinci*. Recuperado de https://prodavinci.com/antropologia-politica-de-un-desastre-global/

Sobre el Autor

Andrés García López, es un antropólogo venezolano, egresado de la UCV (Universidad Central de Venezuela). Especializado en Marketing. Se desempeñó durante 7 años como investigador en la UCV, donde colaboró en diversos proyectos sobre antropología, antropología de los desastres y economía. Luego de ello, fundó https://emprenderhacks.com/ además de *Digistic Group*. Escribe regularmente en su blog y lleva a cabo investigaciones de carácter académico sobre antropología política, antropología de los negocios y antropología de los desastres.

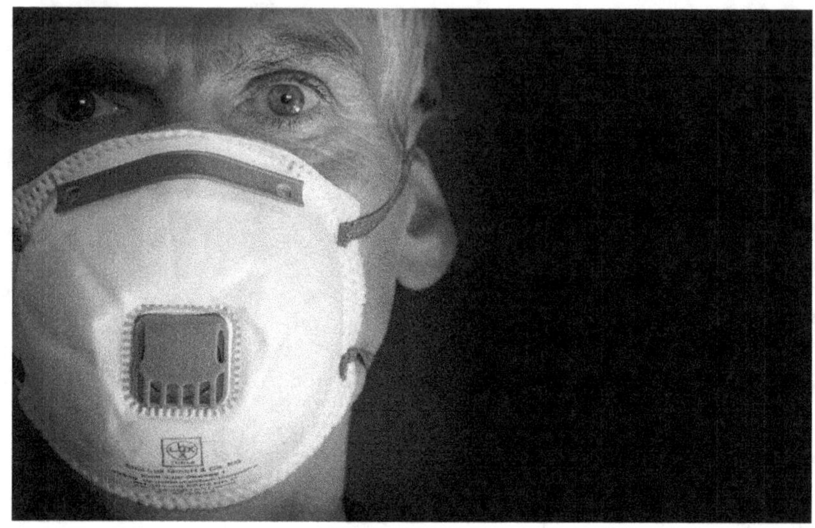

Pixabay / Rotonnara

La pandemia del miedo. Posibles efectos psico-sociales del miedo social y colectivo ante la inminencia del coronavirus.

Brenda Gottelli
brengott@gmail.com
Abril de 2020, Buenos Aires. Argentina

Resumen

El miedo es una emoción que se presenta de forma individual, pero también puede manifestarse simultáneamente en varios miembros de una comunidad, transformándose en lo que podríamos denominar como miedo colectivo. Ante la situación sanitaria mundial, desde la eminencia de la pandemia de COVID-19, resulta preponderante preguntarnos por los efectos que el miedo, como emoción social, puede producir en nuestras poblaciones. ¿Qué consecuencias psico-sociales podría causar la emergencia y el sostenimiento del miedo como emoción imperante en nuestras sociedades? ¿Puede paradójicamente el miedo conducir a manifestar comportamientos contra-sanitarios y socialmente disfuncionales?

Contagios en tiempos de globalización: el miedo como emoción colectiva global.

El miedo o temor es en principio, una emoción básica, identificada por la percepción de un afecto o sentimiento agudo, generalmente desagradable, que se produce ante la percepción de un peligro, que puede ser tanto real como supuesto, como presente o futuro, así como también, una emoción primaria, ya que cumple una función adaptativa y natural, la de prevenirnos de un riesgo o una amenaza, manifestándose en todos los animales, incluido el ser humano. Sin embargo, en el ser humano, en tanto es un ser bio-psico-social e intrínsecamente relacional, las emociones están sobredeterminadas por una múltiple vertiente que entrelaza lo biológico, lo psicológico y lo socio-cultural. Cuando nos preguntamos ¿Por qué algo nos da temor?, ¿Por qué ese algo nos aterroriza?, las explicaciones seguramente excedan la respuesta biologicista, pues las emociones además de cumplir una función adaptativa, consuman una tarea psicosocial clave: ayudan a construir, mantener y transformar el orden social. Es en este momento, que invitamos a repensar sobre la definición de "lo psicológico", es decir nuestro bagaje de emociones, actitudes, conductas, creencias, que muchas veces por sesgos propios de nuestros antecedentes y prejuicios culturales académicos y profesionales, consideramos como un construyo exclusivamente biológico-individual, negando su realidad multisistémica e histórico-cultural.

Según los paradigmas ecológicos, los seres humanos somos parte de un sistema social que se asemeja a las famosas muñecas rusas, un conjunto de estructuras seriadas, cada una de las cuales cabe dentro de la siguiente, todo lo que afecta a un nivel del sistema, acaba afectando a los demás. Estos niveles abarcan desde el microsistema: lo que podríamos considerar como "personal", pasando por el mesosistema, lo que podría llamarse "comunitario", el exosistema, lo "institucional", hasta el macrosistema, que engloba lo que podría llamarse "cultural". Estos sistemas consiguientes e interconectados parecieran mostrar los mismos patrones de funcionamiento, sin embargo cada culturas o subcultura particular posee un específico patrón genérico, allí la importancia del relativismo cultural al analizar e intervenir un comportamiento, que a simple vista pareciera ser un proceso de índole "individual". Es claramente visible que cada cultura tiene normas y reglas que determinan qué emociones deben de expresarse, así como también cómo y dónde deben de ser expresadas; el miedo como tal, no escapa a dicha normativa. A qué le tememos, cómo le tememos y por qué le tememos, está sin duda condicionado por las estructuras y procesos sociales que se dan en nuestro medio, es decir, por nuestros vínculos directos e historia particular, por las normativas y leyes nacientes de nuestras instituciones y por supuesto también, por nuestra realidad socio-histórica y cultural. Ahora bien, ¿Qué sucede cuando un temor, vivenciado desde lo personal e individual, es compartido por la mayor parte de una comunidad?

Los lazos sociales que entretejemos, de un modo u otro participan en el moldeado de nuestro comportamiento, las emociones, entre las cuales se halla el miedo, se presentan de forma individual pero simultáneamente al ser compartidas por una comunidad, pueden convertirse en lo que denominaríamos: emociones colectivas.

La emergencia del miedo colectivo puede producirse por cientos de situaciones críticas que afectan a nuestras comunidades: eventos agudos como desastres naturales, conflictos bélicos, crisis políticas y económicas, o desde lo cotidiano y sostenido, la contaminación ambiental, la consolidación de la inseguridad urbana, la marginalidad y la pobreza, entre otras cientos de situaciones, que mecen a la comunidad en la incertidumbre.

El siglo XXI, de la mano de la globalización, ha consolidado la integración global de las relaciones económicas, políticas y culturales, trayendo consigo algunas consecuencias adyacentes y colaterales, entre las cuales podemos afirmar, se halla la propagación mundial de los sentimientos de miedo e inseguridad. Como hemos afirmado, desde una mirada sistémica, nuestros temores se asocian a nuestras experiencias, pero también a lo "macro", es decir a lo cultural e ideológico. La posmodernidad, sin embargo, a modo de lo que el sociólogo Zygmunt Bauman podría llamar "fluidificación", ha flexibilizado las viejas estructuras sociales de la modernidad y con ellas, las singularidades culturales ya no son tan determinantes en la representación colectiva de "lo amenazante", que se vuelve cada vez más homogénea y global. Irónicamente en nuestras sociedades modernas, cuanto más abundan los bienes materiales, la mercancía que viene a garantizarnos protección, los sentimientos de inseguridad afloran y se generalizan aún más. La consolidación de la inseguridad, se acrecienta en la obsesión personal de estar y sentirnos seguros. Algo sumamente difícil en la actualidad posmoderna, donde la incertidumbre constante, se vive desde el malestar cotidiano. Indudablemente la modernidad es responsable directa en la escalada constante de temor, mientras a través de la masividad de la información, presta el escenario propicio para la reproducción y ampliación de la llamada "globalización del miedo". Por un lado, los medios de comunicación (prensa, radio, televisión, Internet, cine y las tan importantes redes sociales) son los vehículos predilectos del pánico, en tanto solidificando los intereses de la opinión pública mundial, favorecen la construcción de estados de alarma generalizados, mientras cristalizan una atmósfera de amenaza constante. Pero asimismo, es sumamente necesario considerar también, el rol significativo que la post verdad posee en la consolidación de la opinión pública, gracias a las nuevas tecnologías de la comunicación que permiten una cada vez mayor masificación y reproducción de información falsa e insidiosa que alimenta los estados de alarma social. Como resultado, surge una problemática representación colectiva del miedo, en tanto la amenaza se presenta como constante, poniendo en juego sobre-expectativas de riesgos populares. Y paradójicamente cuanto más percibo el riesgo como inminente, más miedo tengo y más aún alimentó el circuito del terror. Así como la violencia genera más violencia, el miedo genera más miedo.

Toda crisis o situación traumática, viene acompañada del miedo y la incertidumbre como emociones predominantes, pero, ¿Puede enmarcarse la actual pandemia dentro de lo que podríamos denominar el "paradigma del miedo"?, ¿Puede éste virus potenciar la construcción de "enemigos públicos"? La respuesta mediática ante la emergencia sanitaria, compara la situación actual con la de un conflicto bélico, desde lo metafórico, se colabora con la construcción de una "guerra", se habla de médicos en "trincheras", de "batallas", "contiendas", "enemigos", mientras al mismo tiempo, se hace uso de la noticia urgente para dar cuenta "minuto a minuto" de la cantidad de muertos o infectados, sus locaciones, sus profesiones, sus antecedentes clínicos, sintomatología adyacente al virus, de factores de riesgo, medidas preventivas. Copiosas cantidades de información que instigan a nuestras comunidades. ¿Qué consecuencias puede poseer tal influencia en nuestras poblaciones? Sin duda, las secuelas no tardarán en hacerse efectivas, he aquí la importancia de dilucidar (o al menos intentar prever), las consecuencias psico-sociales que el temor puede poseer en nuestras comunidades.

Lo que el miedo nos deja. Frenar el virus del miedo o enfrentar sus consecuencias.

Si bien el miedo puede ser considerado una respuesta emocional natural y adaptativa ante una situación crítica, como por ejemplo, la que nos hallamos viviendo a raíz de la pandemia de COVID-19, resulta necesario que nos cuestionemos en relación a la naturaleza de esta emoción social y sus posibles derivaciones comportamentales.

Las investigaciones precedentes en relación al miedo colectivo, nos brindan un potencial espejo en el cual mirarnos. Aunque a modo de un cisne negro[1], la pandemia de coronavirus, está enfrentado nuestro mundo ante un panorama completamente disruptivo y desconocido, las consecuencias psico-sociales del miedo pueden de alguna manera ser previsibles desde otras experiencias acontecidas, quizás como ejercicio provisional, deberíamos preguntarnos por las consecuencias negativas que puede traernos la consolidación de un estado social de amenaza general ¿En qué punto se convierte una emoción adaptativa como el miedo, en una emoción socialmente disfuncional? Es decir, en una emoción socialmente incapacitante y perniciosa. Diversas investigaciones, incluidas las realizadas en la población chilena post-golpe de facto (Lira, 1991), han permitido convenir que si bien el miedo se genera concretamente en la subjetividad de las personas, cuando miles de sujetos se ven amenazados simultáneamente, la amenaza y el miedo comienzan a dominar todas las relaciones sociales, incidiendo a su vez sobre la conciencia y la conducta colectiva. Es allí cuando el miedo se vuelve socialmente peligroso, pues al ser parte intrínseca del lazo social, transforma nuestra manera de ver el mundo y de relacionarnos con los otros. Nuestras condiciones materiales de supervivencia se ven afectadas y todo nuestro sistema de interacciones queda teñido con el tinte del temor. El miedo en gran medida paraliza, nos deja en estado de vulnerabilidad e indefensión, mientras que a su vez, corroe nuestras relaciones interpersonales, interponiéndose consecuentemente en los procesos de potenciación y resolución comunitaria. Es en este punto donde debe primar la razón colectiva por sobre la inminencia emocional; la producción mediática y global de la amenaza y la sensación de crisis constante ante la primacía de la enfermedad, puede generar un contexto socio-político, en donde la inminencia del peligro asocie directamente a nuestras poblaciones con el sufrimiento, la muerte, o incluso con el colapso de nuestros significados compartidos, es decir, de nuestro mundo como tal como lo conocemos. Primordialmente, la prevención de los afectos negativos y paralizantes, debe hacer caso a las lógicas nocivas que el miedo colectivo posee, en tanto el aumento de la percepción de riesgo, puede conducir a nuestras sociedades desplieguen una serie de conductas socialmente desconcertantes y totalmente disfuncionales en circunstancias de incertidumbre nacional y global.

¿Cuáles pueden ser dichas consecuencias colaterales y colectivas del terror como paradigma de existencia? Diversos estudios despliegan sinfín de evidencias en relación a las consecuencias subjetivas que el miedo posee en las personas, afectando la integridad del ser humano como ser bio-psico-social. Desde un abordaje clínico, es necesario mencionar cómo el aumento en la percepción de peligro influye en la integridad psíquica de las personas, generando sintomatología y cuadros conexos, como pueden ser el trastorno de ansiedad generalizada, el trastorno por estrés postraumático, o también una exacerbación de los síntomas depresivos, incidiendo en la consolidación o recidiva de depresiones clínicas. Pero asimismo, el miedo también influye en la integridad física, en tanto debemos considerar la relación anexa que existe entre nuestro comportamiento y el sistema inmune. Los estudios y la investigación en Psico-Neuro-Inmuno-Endocrinología (PINE), están demostrado cada vez más que la consolidación de emociones negativas incitan la liberación de proteínas pro-inflamatorias, que acaban influyendo en el sistema nervioso, que a su vez aumentan la producción de hormonas de estrés como el cortisol, prolactina, hormona de crecimiento, noradrenalina, adrenalina, con la consecuencia alterna de modular la actividad de nuestro sistema inmune. Nota aparte, para recordar la importancia de superar los dualismos cartesianos al estudiar al ser humano, en pos de comprender la necesidad de prevenir las emociones colectivas negativas, como medida de prevención clínica-sanitaria. Pero a su vez, como hemos observado, somos parte de un sistema y lo que afecta a las personas, afecta sus núcleos sociales, sus comunidades y sus instituciones. Y en viceversa lo que suceda en niveles superiores afectará la existencia de las personas. El miedo condiciona nuestra integridad física-psíquica, condicionando a su vez, nuestra relación con los otros y con el mundo, no es raro de hallar consecuencias psico-sociales ante la inminencia de sentimientos de temor constantes.

Por ejemplo, las investigaciones del psicólogo Martin Seligman en los años 70', permitieron demostrar que las situaciones de estrés constantes, aquellas que vivimos sin escapatoria aparente, conducen indefectiblemente a la creación de estados de indefensión aprendida. ¿Qué significa esto?, pues que las personas, podemos acostumbrarnos de cierta manera a la presencia del malestar o al padecimiento; Como tal, aprendemos a vivir acompañados de situaciones desfavorables y acabamos naturalizándolas, lo que conlleva en última instancia, a convertirnos en seres condicionados a la indefensión. Los desprendimientos de la indefensión colectiva son innumerables, pero la sociedad actual, atravesada por las circunstancias presentes, nos brinda ejemplos que nos conducen a preguntarnos por la influencia que dicha condición posee en la consolidación de otros comportamientos contra-sociales, como pueden ser la obediencia ciega, la desunión comunitaria y las conductas socialmente anómicas. No debemos de olvidar que lo colectivo, desde las corrientes sociales, puede tomar también una potente fuerza viral. Desearía tomar en el análisis ciertas cuestiones que creo fundamentalmente anexas al miedo social y a la indefensión:

En principio quisiera compartir sobre los efectos de la construcción de una "guerra sanitaria". Medios de comunicación, a través de la metáfora nombran las medidas sanitarias como "batallas" o "contiendas" mundiales, que pueden conducirnos a la creación intracomunitaria de bandos enemigos y también de traidores a la patria., siendo el enemigo, el otro que me puede destruir (o contagiar) y siendo el traidor el que me pone en peligro (o bien, el que rompe la cuarentena). A su vez, las conductas segregatorias consiguientes de la naturalización del miedo, pueden relacionarse con ciertos conceptos claves de la psicología social, cómo son los de la la Ignorancia pluralista y el de la obediencia debida, tan asociados con la masividad de la información de la que somos receptores en nuestra vida diaria. Por un lado, el concepto de ignorancia pluralista define a las visiones falsas de la realidad, que si bien, desde lo privado son desestimadas, al ser pluralmente compartidas por el grupo social, permiten que actitudes y conductas abandonadas y socialmente nocivas sigan subsistiendo. Es decir, en privado reprimo una conducta social, pero en el colectivo la reproduzco, pues es "socialmente aceptada". Podemos relacionar directamente este concepto con los procesos de homogeneización y la desaparición de las diferencias, que desde la virulencia de la corriente social, pueden conducir a la búsqueda y creación de chivos expiatorios, que operen como reservorio de la cólera de la sociedad. Desde una perspectiva crítica, deberíamos de tratar de identificar los ejemplos de estos comportamientos que nuestras mismas comunidades nos presentan. Me aventuro a afirmar que nadie, residente de un país occidental con contagio social del coronavirus, ha sido inmune a oír o ser testigo de algún tipo de comentario o discurso xenófobo y/o racista contra la población asiática. Por otro lado, como hemos enunciado, podemos tomar también en relación, el concepto de obediencia debida, que quizás algunos conozcan por el famoso experimento de Stanley Millgram. En dicho experimento ante las órdenes recibidas, los operarios aplicaban descargas eléctricas a otros sujetos (cómplices activos de los investigadores). La regla era clara, seguir las órdenes, sin importar lo que suceda. Hoy en día, bajo la declaración de emergencia sanitaria en varios países, las autoridades sanitarias han comendado "quedarse en casa" y salir sólo para necesidades urgentes. Medida sumamente necesaria, en tanto la evidencia actual sanitaria demuestra que el confinamiento resulta una medida primordial en la ralentización y prevención del contagio comunitario del coronavirus. Sin embargo, ¿En qué tanto podemos comparar dicha situación de obediencia social experimental a nuestro contexto actual? consecuentemente, debemos de interrogarnos hasta qué cierto punto, el miedo, no nos transforma en agentes que desconfían de todo (y todos) a su alrededor, ubicados como guardias del panóptico, esperando turnos para denunciar a los y las infractores/as de las cuarentenas; O que bien, nos conducen tristemente a aceptar medidas de abuso de autoridad por parte de las fuerzas de seguridad, en pos de la liquidación de aquellos "traidores a la patria". Cómo hemos recalcado, el miedo puede conducirnos a aceptar conductas sociales por efecto de la pluralidad, pero también puede conducirnos no actuar, es decir, a mantenernos en pasividad, ante la ausencia de acción del resto, conllevando a que situaciones de violencia o de injusticia, pueden ser sostenidas por los miembros de nuestras comunidades. Así mismo, en tanto la obediencia a ultranza puede conducirnos a procesos aún más exacerbados de homogeneización de las diferencias, que conduzcan a obviar las circunstancias diferenciales que entrecruzan a cada persona en situaciones tan dispares como las que estamos viviendo hoy.

Por último, si consideramos que nuestras sociedades pueden acabar siendo sociedades indefensas y desconfiadas, no es difícil imaginar que serán en instancia final, sociedades desunidas. La desunión comunitaria, es un concepto sumamente importante de analizar en una situación como la presente, donde el aislamiento social pareciera ser contraproducente con el concepto de comunidad misma. Sin embargo, dentro de la marea de noticias que recibimos en el día a día, surgen crónicas cotidianas, de personas, vecinas y vecinos, que obligados por el confinamiento, han logrado reconectarse con sus micro-comunidades y vecindarios. El ser humano, como ser social, necesita de la conexión con los otros y en circunstancias adversas, resulta fundamental resurgir la conexión intracomunitaria, con el fin de socavar la incidencia negativa de la parálisis y la desconfianza en la transformación del lazo social. No es difícil prever qué aislamiento social y miedo generalizado, pueden poseer un efecto negativo y multiplicador. Es una medida llena de consecuencias directas y muchas veces nocivas, pero inevitable en la lucha sanitaria contra la propagación de la enfermedad. ¿Qué medidas tomar entonces ante circunstancias tan complejas? Evidentemente resulta fundamental sustraer variables en la consolidación de afectos comunitarios negativos, y desde esta perspectiva se hace fundamental evitar que la espiral del miedo se reproduzca a niveles incontrolables.

Parálisis, Indefensión, Desconfianza, son "síntomas" indefectibles de sociedades afectadas por el terror. Considerando la importancia radical que el miedo tiene como instrumento no sólo de socialización, sino también de manejo político, no reproducir ni sostener la alarma social, conllevará a evitar consecuencias sociales adyacentes. Por este camino, podremos evitar que la lucha contra el miedo termine justificando la construcción de murallas entre nuestras naciones o incluso el trazado de líneas divisorias en nuestras comunidades.

Realidades y posibilidades. La necesidad de un abordaje solidario y comunitario.

Creo necesariamente que debe hacerse un análisis propio y adyacente en relación a la situación particular que el confinamiento social obligatorio ha producido en nuestras sociedades. Fundamentalmente, considero es cardinal poder observar las diferencias materiales que éstas medidas sanitarias poseen en nuestros sistemas sociales, muchas veces atravesados por distintos tipos de desigualdades. Como argentina y cómo latinoamericana, me siento obligada a hablar en particular, de la región en la cual vivo y cuya realidad me atraviesa como persona y como profesional. Sin embargo, sé indefectiblemente, que la realidad latinoamericana puede extrapolarse a prácticamente todos los países del mundo, donde las desigualdades sociales son también parte intrínseca de las estructuras sociales. Ya lo hemos afirmado, la propagación de la enfermedad del COVID-19 ha implicado el impacto de lo altamente improbable, no hay recetas precedentes para hacerle frente, el mundo se enfrenta a una reconsideración de sus estructuras económicas, políticas y científicas. Pero consecuentemente es también, una gran oportunidad para observar las diferencias troncales que se han generado entre diversos sectores de nuestra sociedad, consecuencias que son claros productos de una deuda político-social de larga data. Así como comentábamos, la posmodernidad, ha flexibilizado las viejas estructuras sociales: familia, trabajo, relaciones sociales, se mecen en el cambio constante, mientras la virtualidad del mundo actual acrecienta dicha fluidez. Sin embargo, los "beneficios" de la flexibilidad y la desregulación no parecieran estar siendo distribuidos tan justamente. Por un lado podemos observar cómo las élites disfrutan de su liquidez y movilidad, evadiendo la rigidez de las instituciones, mientras las grandes mayorías pobres, están atadas a sus problemáticas sociales, es decir, a sus condiciones materiales de subsistencia. Se estima que en Argentina hay alrededor de 16,4[2] millones de pobres, de ellos, 3,7 millones son indigentes. De igual forma se estima que el 49,3% de los y las trabajadores/as posee empleo informal [3]. La desigualdad a su vez, despliega condiciones socio-sanitarias completamente perjudiciales, como son, el hacinamiento, vivienda precaria, la falta de acceso a los servicios de salud, problemáticas nutricionales, problemáticas socio-ambientales, como la falta de acceso al agua potable, a aguas servidas y servicios cloacales, o a la recolección de residuos, lo que en última instancia acaba construyendo espacios ambientales contaminados y nocivos para la salud colectiva. Pero en tanto los daños de la marginalidad se manifiestan en diferentes campos, afectando lo biológico y neuropsicológico, lo psicosocial, lo psico-comunitario y lo subcultural, campos que actúan entre sí constituyendo un sistema sinérgico y dinámico, deberíamos preguntarnos: ¿Qué papel juega lo emocional colectivo ante este panorama de desigualdad? La consolidación del confinamiento como medida sanitaria, junto con la paralización de la economía, han generado un gran impacto en la población no rica (es decir prácticamente el 85% del país), quienes suman a sus terrores diarios, un miedo muy común en nuestras sociedades latinoamericanas: "el miedo a la crisis económica". Dicho temor inunda la cotidianidad de las personas y se traduce de distintas formas según las lógicas particulares a los estratos sociales, el miedo abarca desde el pánico al descenso en la escala social, hasta la no posibilidad de subsistir. Pero sin dudas la situación se repite a nivel global. Las tendencias de la globalización en la economía y la flexibilización de los mercados, conducen a repetir los mismos esquemas, expresándose en una cada vez más acrecentada acumulación de la riqueza. De acuerdo con el informe de Oxfam publicado en 2018, el 82% de la riqueza mundial generada durante 2017, fue a parar a manos del 1% más rico de la población mundial, mientras el 50% más pobre −3 700 millones de personas− no se benefició lo más mínimo de dicho crecimiento. Esta tendencia se acrecienta con cada nuevo circuito económico, mientras tanto en nuestras comunidades al miedo a la enfermedad, se le suma el miedo al derrumbamiento económico. No sería ilógico considerar que las secuelas psicosociales del miedo, pueden verse claramente masificadas.

La pandemia nos presenta una realidad inexorablemente incierta, pero puede servirnos consecuentemente de oportunidad para la reflexión en relación a la desigualdad y a los peligros que el sistema capitalista actual está generando en nuestras sociedades y ecosistemas.

Así como la posmodernidad ha fluidificado los vínculos, destruyendo los núcleos de conexión social y así como el capitalismo tardío ha desgastado los sistemas públicos de salud, la situación crítica actual puede traer consigo nuevas alternativas positivas, que permitan resignificar la importancia de apoyar la salud pública y fomentar la integración social comunitaria. Es desde este enfoque donde podremos concebir respuestas inéditas. Pero para contrariar las lógicas imperantes del mundo posmoderno, debemos de dar herramientas a las comunidades y otorgarles papeles cruciales en la construcción de alternativas, pues aislamiento social no debe significar necesariamente distanciamiento socio-afectivo; es posible construir herramientas comunitarias que respondan priorizando el bien común, por fuera del "sálvese quien pueda". Sin dudas, es sumamente necesario que el mundo científico y especialmente los especialistas y funcionarios de la salud pública comiencen a considerar al ser humano desde su total complejidad. Considerar la vertiente positiva de la salud y construir abordajes socio-sanitarios y de perspectiva comunitaria, puede ser un recurso fundamental en pos de alejar a la población del miedo, el alarmismo y la desconfianza reinante en nuestros tiempos. Obligatoriamente se debe ampliar el panorama (junto con el presupuesto) del mundo sanitario, pues considerándose la potencial reestructuración de múltiples áreas del mundo social, La salud pública y sus perspectivas restrictivas, no pueden quedar al margen de la cuestión. Ser conscientes de la trascendencia de invertir en la sanidad pública y universal, implica a su vez ser consecuentes con la necesidad de considerar los determinantes sociales de la salud y por ende, ser agentes en la disminución de las desigualdades sociales. Los sentimientos percibidos por las comunidades, las situaciones generalizadas de miedo, la desvinculación comunitaria, la desesperanza, deberían ser cuestiones de transcendente jerarquía pública, en tanto, el considerarlas como problemáticas a tratar, permitiría evitar la multiplicidad de consecuencias corrosivas que como hemos observado, poseen. Nuestras sociedades tienen la gran tarea de superar la pandemia del miedo, pero para lograrlo, agentes de salud, científicos/as, investigadores/as, debemos ser aliados/as claves de nuestras comunidades y de nuestros pueblos. En primera instancia, contrario a la comunicación de masas, debemos asegurar y garantizar la llegada a todos los sectores de información certera y veraz, mientras a su vez, brindamos seguridad; una sensación de seguridad sostenida en los vínculos cooperativos y solidarios de las partes que conforman el sistema de salud (comunidad evidentemente incluida), que en contrapartida de la seguridad mercantil que se vende como producto masivo, permite desplegar las potencias y volver activos a los miembros y referentes comunitarios. De esta manera se podrá dar querencia del verdadero potencial popular, procurando el uso singular de los recursos, saberes y capacidades innovadoras que cada comunidad posee. El mundo post crisis debe hallarnos con mejor entendimiento de las causas de las pandemias y primordialmente, debe hallarnos con mejores recursos preventivos.

Situaciones inéditas requieren de soluciones inéditas y en éste momento debemos necesariamente apelar a la creatividad humana. La violencia del mundo capitalista se traduce en lo material a través de condiciones desiguales de subsistencia, la destrucción paulatina de nuestro medio ambiente, la corrosión de los vínculos comunitarios, la destrucción de la integración regional, la desestructuración de nuestros aparatos estatales, entre otras cientos de secuelas. La pandemia actual ha venido a destapar el velo que revestía dicha violencia, y si duda, la ha dejado en evidencia más que nunca.

Bibliografía

Acinas Acinas, M.ª Patricia. (2007). Información a la población en situaciones de emergencia y riesgo colectivo. *Psychosocial Intervention*, *16*(3), 303-321. Recuperado en 02 de Abril de 2020, de http://scielo.isciii.es/scielo.php?script=sci_arttext&pid=S1132-05592007000300002&lng=es&tlng=es.

BBC News Mundo. (29 abril 2020). Coronavirus en EE.UU.: la pandemia de covid-19 ya ha matado más estadounidenses que la guerra de Vietnam. Recuperado el 30 de Abril de 2020 de: https://www.bbc.com/mundo/noticias-internacional-52466671

Bejarano B., Diana Ximena El cisne negro. El impacto de lo altamente improbable Revista Científica Guillermo de Ockham, vol. 11, núm. 2, julio-diciembre, 2013, pp. 229-232 Universidad de San Buenaventura Cali, Colombia

Clemente, Sebastian. (29 de Marzo de 2020). Crescenti ante el coronavirus: "Es una guerra contra un enemigo invisible y hay que usar todas las estrategias para ganarle". Clarín. Recuperado el 5 de Abril de 2020, de: https://www.clarin.com/opinion/crescenti-coronavirus-guerra-enemigo-invisible-usar-todas-estrategias-ganarle-0_SYXoko5za.html

EDSA Bicentenario (2010-2016). Serie Agenda para la Equidad (2017-2025). OSDA. UCA

INDEC (1 de Abril de 2020). El Índice de pobreza trepó hasta el 35,5% al cierre de 2019. TELAM. Recuperado el 5 de Abril de 2020 de: https://www.telam.com.ar/notas/202004/446940-indec-pobreza-2019.html

Fouce Fernández, J. G. (26 de febrero del 2020). La era del medioceno. *El Obrero. Defensor de los trabajadores. OPINIÓN.* Recuperado el 1 de Abril de 2020 de: https://elobrero.es/opinion/43374-la-era-del-miedoceno.html

Lira E; Castillo, M.I. (1991). Psicología de la amenaza política y del miedo. Instituto Latinoamericano de Salud Mental y Derechos Humanos

Lira, E. (1987) Psicología del miedo y conducta colectiva en chile. Publicado en el Boletín de AVEPSO (Asociación Venezolana de Psicología Social), Julio de 1987.

Losada AV. (2017). Sociopsiconeuroinmunoendocrinología. Contribución teórica de la relación entre la sociología y la psiconeuroinmunoendocrinología. Rev Mex Invest Psic. pp. 73-80.

Milgram, S. (1965). Some Conditions of Obedience and Disobedience to Authority. *Human Relations*, *18*(1), 57–76. https://doi.org/10.1177/001872676501800105

OXFAM International. (22 de Enero de 2018). El 1% más rico de la población mundial acaparó el 82% de la riqueza generada el año pasado, mientras que la mitad más pobre no se benefició en absoluto. Recuperado el 30 de Marzo de 2020 de: https://www.oxfam.org/es/notas-prensa/el-1-mas-rico-de-la-poblacion-mundial-acaparo-el-82-de-la-riqueza-generada-el-ano

Saforcada, E; De Lellís, M y Z. Mozobancyk. (2010). Algunas reflexiones sobre el concepto y el fenómeno de pobreza estructural. En Psicología y salud pública. Nuevos aportes desde la perspectiva del factor humano. (Pp. 237-252). Buenos Aires: Paidós

Sarriera, J., Saforcada, E., & Alfaro, J. (Orgs.). (2015). Salud comunitaria desde la perspectiva de sus protagonistas: la comunidad. Buenos Aires: Ediciones Nuevos Tiempos.

Yela Bernabé, José Ramón; Malmierca, José Luis Marcos. (1992). Indefensión aprendida en sujetos humanos y su inmunización. Influencia del estilo atribucional y de los programas de reforzamiento. Revista Latinoamericana de Psicología, vol. 24, núm. 3. pp. 301-321. Fundación Universitaria Konrad Lorenz Bogotá, Colombia

Ward, Clarisa. (14 abril del 2020). Así es un día en la vida de un médico en el frente de la batalla contra el covid-19. CNN. Recuperado el 16 de Abril de 2020, de: https://cnnespanol.cnn.com/video/dia-a-dia-de-un-medico-hosital-coronavirus-emergencia-lucha-muerte-batalla-pkg-digital/

Sobre la autora

Psicóloga. Argentina. Egresada de la Facultad de psicología de la Universidad de Buenos Aires. Actual maestranda en investigación en ciencias sociales, en la misma Universidad. Investigadora colaboradora de la cátedra I de Salud pública y salud mental de la Facultad de psicología de la Universidad de Buenos Aires. Me avocó al área de la investigación e intervención en problemáticas psico-sociales, poseyendo un interés particular en los constructos de miedo social, desesperanza y sus efectos comunitarios. Fundadora junto con otros y otras colegas del "Colectivo psicología popular", cuya misión es estudiar e investigar las problemáticas populares contemporáneas, con el fin de brindar respuestas desde una perspectiva social, científica y comunitaria.

---

[1] I cisne negro: El impacto de lo altamente improbable es un libro de 2007 del autor y ex operador de opciones Nassim

Nicholas Taleb. El libro se centra en el impacto extremo de eventos atípicos raros e impredecibles, y en la tendencia humana a encontrar explicaciones simplistas para estos eventos,

[2] "El Índice de pobreza trepó hasta el 35,5% al cierre de 2019". TELAM. 2020.

[3] EDSA Bicentenario (2010-2016). Serie Agenda para la Equidad (2017-2025). OSDA. UCA

Pixabay / Zhugher

Coronavirus superestrella: el impacto del covid-19 en la sociedad a través de los medios de comunicación.

Jonnathan Romero Huertas (Antropólogo Universidad Nacional de Colombia)
jhromerohu@unal.edu.co
15 de Abril de 2020. Bogotá D.C, Colombia.

Resumen.

La aparición del Coronavirus causó relativamente poco revuelo en el panorama internacional. Fue su expansión a través del mundo lo que hizo a los medios de comunicación interesarse en el tema. Este interés creció hasta tal punto que casi un mes después desde que se difundieron las primeras noticias, la mayoría de medios de comunicación tenían cubrimiento total sobre este virus y sus diversos impactos en la sociedad. Por otro lado, tenemos a las redes sociales y los medios difundidos únicamente a través de internet, que también sirven para informar a la gente y que compiten por su atención. Sin juzgar a los medios, si se hace hincapié en la manera en la que éstos se aprovechan de una noticia para mantener la atención de la audiencia y sacar réditos. Esto se logra gracias a dos hechos: primero, la mayoría de la gente está en casa, aumentado el consumo de medios de comunicación; y segundo, a que supieron explotar el tema para mantener la atención de su público.

Introducción.

A finales de marzo de 2020 nos encontramos con este panorama: la gran mayoría de la población mundial está confinada en sus casas gracias a las medidas tomadas para reducir la velocidad de contagio del coronavirus.

Cómo hacemos los humanos tratamos de seguir, de una u otra manera, con nuestras vidas de la manera más "normal" posible, para ello hemos recurrido a varias opciones, entre las que se encuentra la virtualidad: los servicios de telecomunicaciones aumentaron su demanda de manera extraordinaria, las videollamadas son cada vez más usuales, y los medios de comunicación, así como las redes sociales, nos bombardean casi que el todo el día con información sobre el virus: mapas con el número de contagios, informes sobre el número de casos confirmados en determinados territorios, entrevistas con epidemiólogos, consejos para evitar la propagación del virus, etc.

De todas las realidades que han cambiado por esta pandemia, voy a hablar únicamente de los medios de comunicación tradicionales (MCT) debido al gran impacto que tienen en la cotidianidad de las personas, llegando a imponer qué y cómo se consume la "realidad". (Bello, A, 2015. pp 118 - 119)

Entiendo a los MCT como: *"Instrumento de transmisión pública de información, como emisoras de radio o televisión, periódicos, etc."* (RAE, 2020) y tomando la perspectiva de las ciencias sociales, que los interpretan como dispositivos de control de masas. Según este modelo, ellos son los que nos indican hacia dónde mirar, qué creer e incluso a quién odiar. En el caso específico del coronavirus, se empecinaron en mantenernos enfocados en la pandemia como si las demás noticias hubieran cesado de repente. ¿Por qué?

Esta hiperfocalización no es casual: al ser un virus con un índice tan alto de contagio la gente siente temor y quiere saber más sobre él, conocer sobre el tema nos hace sentir más seguros. Además, la inmensa cantidad de información que recibimos sobre el virus hace que lo tengamos presente en todo momento, lo que a su vez nos hará buscar más información. Se vuelve un círculo vicioso que los medios han sabido aprovechar.

Es que este es el mal del siglo, no el coronavirus, sino la excesiva cantidad de información. Basta con buscar en Google cualquier término para tener cientos, sino es que miles de páginas, blogs e incluso cursos en línea sobre lo que buscamos. Si hace unos años tuvimos que necesitar a los medios de comunicación, ahora podemos ir a nuestro *smartphone* o al computador y tener más información que nunca en unos segundos.

La sobreabundancia de información no es del todo buena, todo lo contrario, es perjudicial. Ya que trae consigo la desinformación *(fake news),* y con ella la zozobra. No creo que los medios hagan esto adrede, de hecho creo poco probable que hayan pensado en todas las implicaciones de sus acciones. Ellos están interesados en vender información, más allá de lo que esto implique.

El presente artículo muestra la manera en la que los medios de comunicación se enfocaron progresivamente en el coronavirus, para eventualmente llegar a un momento en el que casi toda la parrilla estaba relacionada de una u otra manera con la pandemia, y cómo a pesar de los efectos nocivos que tiene en la población, esta realidad permanece inalterable.

Éste escrito empieza describiendo cómo se dio este proceso, y continúa explorando las maneras en las que el gobierno usó la gran atención recibida por los medios para convertirlos en dispositivos de educación en contra de la rápida propagación del virus. Termina dando una pequeña reflexión sobre lo que esto significa.

El grueso de las fuentes se limitan a los medios de comunicación colombianos (especialmente la televisión), a pesar de que se van a tomar algunos ejemplos de otros países para contextualizar. Hago una distinción entre los medios de comunicación y el internet debido a que los reconozco como plataformas distintas, que tal vez persigan un fin común, pero que se diferencian en la manera en la que se relacionan con su público objetivo. Esto hace que cambien: desde la escogencia de las noticias, hasta la manera de presentarlas.

Para el presente artículo uso principalmente el análisis del discurso, para ver la manera en la que las noticias son presentadas, qué tipo de lenguaje usan y cómo buscan relacionarse de un modo en especial con la audiencia. Parto de la manera en la que apareció el coronavirus en los MCT y la difusión mediática que tuvo y aún tiene.

Los medios de comunicación ¿los malos de la película?

Es cierto que la labor que están realizando los medios es necesaria, primero porque proveen de información a la ciudadanía sobre el qué hacer y cómo enfrentar de mejor manera la actual pandemia, además de proporcionar datos valiosos a las agencias gubernamentales para realizar planes de contingencia y establecer un canal de comunicación entre el gobierno y la población en general. Segundo, varios medios han puesto a disposición de la gente sus plataformas para que accedan a cursos gratis o sepan cómo manejar el aislamiento, por poner un par de ejemplos.

También hay que decir que los medios de comunicación se han visto afectados económicamente por las medidas tomadas (el impacto de la economía y las medidas de aislamiento los han afectado); ya que cada vez es más difícil conseguir quien paute teniendo en cuenta las medidas tomadas.

Otra cosa es que tuvieron que parar la producción de varios programas, debido a que en varias ciudades se han prohibido las aglomeraciones. Por ello, el equipo de producción no se puede reunir; ni mucho menos tener público en vivo. Esta es otra razón para que los noticieros tengan tanta preponderancia, ya que sólo se necesita de un presentador y una cámara para presentar las noticias (de hecho muchos presentadores lo hacen desde la comodidad de su casa).

Hay que aclarar que no quiero mostrar a los medios como los malos de la situación. Al fin y al cabo su función es informar, y ahora que todos los ojos están puestos en el coronavirus, van a mantener el lente allí. Sobre lo que quiero llamar la atención es en la manera en la que se centran sobre el mismo tema, dejando de lado otro tipo de noticias.

Tanta es la desconfianza que sentimos por los medios de comunicación que algunas personas empezaron a dudar de la realidad de la pandemia. Arguyendo que era más bien una estrategia del gobierno para distraer a la población de temas de interés general. Esta situación no empezó con el coronavirus, de hecho ya hay una crítica relativamente vieja sobre el tema conocida como *Media bias*, que resumida en pocas palabras significa que cualquier evento tiene varias versiones, y es prácticamente imposible cubrir todos los hechos e historias, lo que hace que la información presentada difiera (Mackey, T. P., & Jacobson, T. E, 2019 p 6.). A esto se le suma la intervención del gobierno y la influencia del mercado.

La aparición del coronavirus en los medios de comunicación.

A pesar de que la primera alerta recibida por la Organización mundial de la Salud (OMS) fue el 31 de diciembre 2019 (El universal, 2020), no fue sino hasta mediados de enero que los medios de comunicación empezaron a hablar sobre el tema, alcanzando un pico hacia finales de febrero, esto se relaciona con la necesidad de las personas de informarse sobre el virus. A pesar de que a finales de Marzo, cuando se escribe este artículo, haya un descenso en la aparición de eventos relacionados del coronavirus, aún vemos sendos espacios ofrecidos en los noticieros para hablar del tema. A continuación, voy a mostrar las imágenes de tres titulares del mismo noticiero para comparar el cambio que se dio:

Imagen 1. Titulares del canal RCN de Colombia del día 16 de febrero de 2020. En: https://www.youtube.com/watch?v=huNrIFotoRo,

Imagen 2. Titulares del canal RCN de Colombia del día 01 de marzo de 2020. En: (https://www.youtube.com/watch?v=Jpo6cE0sJMg&t=1094s)

Imagen 3. Titulares del canal RCN de Colombia del día 02 de marzo de 2020. En: (https://www.youtube.com/watch?v=EoTKnWDuDBo&t=36s).

Las diferencias entre las tres emisiones se notan desde los titulares, mientras las primeras dos tocan apenas de soslayo la noticia del coronavirus, la del 2 de Marzo tiene una cortinilla especial del virus, empezando una tradición que duró casi todo el mes, en las que se variaba la imagen.

Análisis de discurso.

Es curioso notar cómo el coronavirus no causó mucho revuelo en su aparición, y las noticias lo trataban como otra gripe: del tipo del H1N1, la gripe aviar o alguna de las otras epidemias de los últimos 10 años. Conforme fue avanzando el virus eran cada vez más alarmantes las noticias. No era de extrañar ver imágenes de las calles vacías y hospitales llenos, escuchar las cifras de contagio o leer sobre el aumento diario en el número de los contagiados.

A finales de Marzo se presenta una caída en la cantidad de información sobre el virus, pero viran hacia cosas relacionadas al mismo: el impacto del aislamiento en la vida de las personas, cómo se ha visto afectada la economía o la manera en la que va a seguir la humanidad una vez se acabe el aislamiento. Esta situación no es casual, es evidente que las personas ya se están cansando de escuchar lo mismo, y las cadenas informativas, en su afán de mantener la atención de la gente sobre el Covid-19, y mostrarse como los adalides de la comunicación, siguen mostrando variaciones sobre el mismo tema. Por ejemplo, un artículo del 31 de marzo del 2020 del diario El país afirma:

> *"Cuando el periodismo es más necesario que nunca, cuando más se demanda información de calidad y más se valora su función de servicio público, la situación de los medios de comunicación se vuelve ruinosa".* (El país, 2020, p 1)

En el párrafo anterior se ve claramente la manera en la que los medios se muestran como necesarios, literalmente lo afirman: *"el periodismo es más necesario que nunca"*. Una vez lo hace, pasa a llamar la atención sobre lo mal que este medio la está pasando a raíz del coronavirus y continúa pidiendo ayuda a la audiencia.

Hasta aquí hemos visto la sobreabundancia sobre el tema. Cuando vemos la palabra "coronavirus" desde que nos despertamos hasta que nos acostamos, nos vamos sintiendo en un ambiente de zozobra. Intranquilos e inquietos frente a lo que nos pasa.

El uso del lenguaje técnico también es clave en esta situación. No es raro que en las noticias lleven a un epidemiólogo a explicar la situación o que los presentadores echen mano de la jerga técnica para referirse al virus. Estas estrategias apuntan a crear la ilusión de "verdad", partiendo de que la población en general deja de cuestionar la información cuando una figura de autoridad es quien les habla. Esto, creo yo, se debe a que tienen que enfrentar a las redes sociales, su principal enemigo, en la carrera de llamar la atención, su crítica se basa en que están plagadas de *fake news.*

Estas estrategias han surtido efecto en la población: una encuesta realizada por *Havas media group* España mostró a la radio como la primera en credibilidad en el tema del coronavirus (Redacción Digital. 2020). Es curioso ver como un medio considerado como anticuado sea en el que más confía la gente.

Las redes sociales: ¿los nuevos medios de comunicación?

El mundo actual es cada vez más digital, desde hace algunos años se veía esta tendencia y gracias a la crisis del coronavirus se consolidó, no solo por la gran cantidad de personas que se mantienen conectados a través de videoconferencias, sino también por los que se informan a través de las redes sociales. Las principales: Facebook, Twitter, Instagram, Youtube en incluso Reddit tienen secciones especializadas en informar sobre el COVID-19.

Hay una tendencia cada vez más marcada hacia el uso de celulares y computadores para realizar las actividades diarias. No es extraño que muchas personas usen sus dispositivos para acceder a información del coronavirus (gráfica 1), y tampoco es de extrañar que las redes sociales tengan una sección dedicada únicamente a mostrar información sobre el coronavirus.

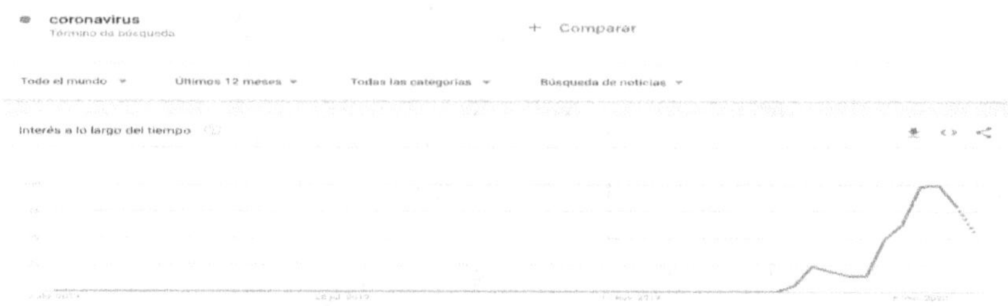

Gráfica 1. Número de veces en las que se ha buscado "coronavirus" en Google.   En: https://trends.google.es/trends/explore?qprop=news&q=coronavirus

A lo anterior se suman las publicaciones de los demás usuarios relacionadas al mismo tema. Aquí nos encontramos en un panorama en el que las recomendaciones de los entes encargados, las *fake news* y los memes del Covid-19 ocupan el mismo espacio en pantalla. Nosotros al no tener las suficientes bases para cuestionarlas probablemente vamos a difundir información falsa, porque es la más llamativa. (Miller, C. 2018. p. 3).

Aquí me pongo del lado de los medios de comunicación, en la medida en la que la información que transmiten pasa por más filtros para ser compartida. Esto hace que sea *más* confiable que la que nos llega en las redes, esto no quiere decir que debamos creer todo lo que vemos publicado por estos organismos, pero sí podemos tener algo más de confianza.

Los medios de comunicación como dispositivos de educación.

Como hemos visto los medios de comunicación se hicieron con la atención de la gente, esto fue aprovechado por algunos gobiernos para enseñar a la población cómo manejar la situación.

Por ejemplo, en la emisión diaria de los principales canales de televisión en Colombia, se pueden ver imágenes del correcto lavado de manos y mensajes en los que se indica que solo se puede salir a la calle en determinadas situaciones, esta medida indica lo funcional que son los medios de comunicación, ya que hay muchas personas que viven en lugares en los que la televisión o la radio son las únicas maneras de comunicarse con el exterior. Además que estos medios sirven para que la población analfabeta se informe.

Esto me parece que es otro punto a favor de los medios de comunicación, ya que llegan a mucha más población que el internet. Esto actúa en favor de la prevención: ellos saben cómo hacerle frente al virus antes de que llegue a ciertos lugares.

Reflexión final.

Como se vio, son varias las razones por las que los medios de comunicación y las redes sociales nos mantienen sobreinformados sobre todo lo relacionado con el Covid-19. Subconscientemente, nosotros somos sus cómplices; buscando informarnos más y más información, la curiosidad - tan humana- es lo que les da su poder. Es por esto que en este texto quiero llamar la atención sobre el fenómeno, esperando poder despertar dudas en lo que los medios de comunicación informan.

Para ir cerrando quiero citar al filósofo Slavoj Zizek:
> *"Los medios nos lanzan repetidamente el mensaje de 'no caigáis en el pánico' y, a continuación, disponen una serie de datos que nos llevan necesariamente al pánico. La situación recuerda a lo que vivía en mi juventud, en un país socialista. Los representantes del Gobierno nos decían con*

cierta frecuencia que no había motivo para el pánico. En esos momentos, todos recibíamos el mensaje nítido de que eran ellos los que tenían pánico". (Zizek, S. En Alemany, L 2020, p. 1)

Estas palabras resumen la intención del presente texto, la sobreinformación de la que somos presa nos deja con la sensación de miedo, que se ve reforzado con el confinamiento. Los medios tal vez no han reparado en esta situación y persiguiendo el *rating* siguen mostrando noticias sobre lo mismo, añadiendo temor a una situación de por sí pavorosa.

Me imagino unos meses en el futuro, sentados frente al televisor, en el habitual *zapping,* ¿será que los medios siguen hablando del Covid-19?¿será que alguien recordará la cuarentena y todo por lo que estamos pasando? o más bien será que para ese momento va a existir otra noticia de moda que nos distraiga de lo que pasó. Me decanto más por la última opción y espero que el siguiente caos que nos llegue a través de la pantalla no nos distraiga de lo demás, tanto bueno como malo que nos pasa.

Postscriptum.

Lo evidente pasó. En Italia, después de tres semanas de tener a la población bombardeada con información del Covid-19, los noticieros empezaron a perder audiencia (el país, 2020). Aunque éstos se lo achaquen al estreno de un par de series es evidente que la gente ya no quiere saber más de lo mismo. ¿Pasará lo mismo en otros países?

Bibliografía

Adorno, T. W., & Revol, E. L. (1966). *Televisión y cultura de masas*. Madrid: Eudecor.

Alemany. L. (1 de Abril de 2020). Zizek ya tiene su libro sobre el coronavirus: "El dilema es barbarie o un comunismo reinventado". El mundo. Recuperado de https://www.elmundo.es/cultura/literatura/2020/03/25/5e7b28fd fdddff5c328b4571.html

Bello, A. (02 de febrero de 2015). Construcción de la realidad a través de los medios de comunicación: terrorismo islámico, intereses geopolíticos y criminalidad en la Triple Frontera del Paraná . *Anagramas*, 13, 115 - 135.

El país. (31 de marzo de 2020). Los informativos en Italia pierden audiencia tras meses cubriendo el coronavirus. *El país*. Recuperado de https://elpais.com/television/2020-03-30/los-informativos-en-italia-pierden-audiencia-tras-meses-cubriendo-el-coronavirus.html

El universal. (21 de enero de 2020). Cronología del coronavirus: ¿cuándo se reportó la primera alerta?. *Diario el universal*. Recuperado de https://www.eluniversal.com.mx/mundo/cronologia-del-coronavirus-cuando-se-reporto-la-primera-alerta)

Lussich, R. (23 de Marzo de 2020). Coronavirus: la televisión de aire crece en rating y cambia su programación. *Infobae*. Recuperado de https://www.infobae.com/teleshow/2020/03/23/coronavirus-la-television-de-aire-crece-en-rating-y-cambia-su-programacion/.

Mackey, T. P., & Jacobson, T. E. (2019). *Metaliterate learning for the post-truth world*. Massachusetts: American Library Association.

Miller, C. . (12 de noviembre de 2018). 'Fake news': así funciona la industria de las noticias falsas con la que algunos jóvenes se ganan la vida en Europa del Este. BBC World, 4. Recuperado de https://www.bbc.com/mundo/noticias-46163407.

Real Academia Española. (2001). Medio. En Diccionario de la lengua española (23.a ed.). Recuperado de https://dle.rae.es/medio#BgOCDE6

Redacción digital. (25 de Marzo de 2020). La radio encabeza ranking de credibilidad en la crisis por coronavirus. *Caracol noticias.* Recuperado de: https://caracol.com.co/radio/2020/03/25/entretenimiento/15851 52417_360646.html

Sobre el autor.
Antropólogo social de la universidad nacional, miembro del semillero de imagen y educación de la universidad minuto de Dios de Bogotá y del semillero de narrativas transmedia de la Universidad nacional de Colombia. Me interesa principalmente la antropología urbana, el desarrollo sostenible y la antropología simbólica. Específicamente, las maneras en las que las personas construyen sus imaginarios, como los comunican a través de su cotidianidad y crean unos nuevos de acuerdo al cambio social.

¡Quédate en casa! Si puedes…
Trabajo en la Primavera Covid-19

Rosana Carvalho Paiva
Antropóloga, investigadora y activista de derechos humanos.
carvalhorosana8@gmail.com
20 de abril de 2020, Barcelona, España

Resumen

El teletrabajo tiene recibido mucha visibilidad y es anunciado en algunos sectores como la manera predominante del trabajo en el futuro post-Covid-19. Sin embargo, puede estar asociado a un efecto simbólico de distinción, en la definición de Pierre Bourdieu. Y representar, además, el papel de un mito catalizador de la atención que deja en la invisibilidad todos los dilemas del trabajo presencial, del desempleo o del limbo entre una posición y otra. Este artículo pretende presentar un breve retrato y una reflexión sobre el campo del trabajo al largo del período de estado de alarma en España, con énfasis sobre la persistencia del trabajo presencial, bien como la precariedad y la inseguridad laboral.

La Primavera Covid-19

La temporada de los desfiles otoño/ invierno de 2020/21 fue marcada por la cancelación de algunas de las pasarelas en la Semana de Moda de Milán (18 a 24 de Marzo). Algunos estilistas mantuvieron sus desfiles, pero a puertas cerradas y con transmisión por la web. Además de este hecho inédito, la esta Semana tiene llamado la atención por otras razones, así como la Semana de París, que empezó inmediatamente después.

Me refiero a las interpretaciones posteriores, elaboradas por periodistas y observadores de la moda a raíz de la pandemia Covid-19. Así, hay quien enfatice que algunos de los más grandes estilistas están captando el zeitgeist de esos tiempos de pandemia y lo materializando en prendas de vestir. Ahí está la nueva tendencia bautizada de homeworking. Están también las mascarillas y accesorios que cubren los rostros, además de volúmenes exagerados en los hombros o en las caderas que pueden ayudar a mantener la distancia física entre las personas. Estas son interpretaciones a posteriori. No se puede haber mucha seguridad si el Covid-19 fue una influencia para los estilistas, aunque la epidemia ya había explotado en China un poco antes de eses desfiles. Lo que sí es cierto es que en algunas marcas una tensión de inspiración apocalíptica motivada por la emergencia climática estaba en el aire.

Grandes eventos críticos globales, cambios socioeconómicos estructurales y comportamentales están asociados a nuestras maneras de vestirnos y a las tecnologías que utilizamos en nuestro cuerpo. Los cambios en los vestuarios habituales pueden atender tanto a determinadas funcionalidades, como también a nuestra capacidad puramente simbólica y humana de comunicarnos, que realizamos incluso a través de los objetos y de nuestros cuerpos.

Tomemos como ejemplo los efectos de las dos guerras, que se conviene llamar de Primera y Segunda Guerra Mundiales. La habitual narrativa a respecto de las mujeres y de la moda es que al largo de las primeras décadas del siglo XX, las mujeres dejaran los espartillos, pasaron a usar pantalones, faldas cortas; además de un estilo de ropas, cortes de pelo y peinados más sencillos y prácticos, adecuados para la posición de una generación de mujeres que pasó a trabajar fuera por la primera vez.

Esta narrativa funciona como un mito fundante de la moderna moda femenina y feminista y tiene en Coco Chanel su heroína mítica principal. Como para todos los mitos, lo importante es su efecto de verdad y de autopoiesis. De hecho la historia es verdadera porque al largo de las décadas siguientes, en grande parte de todo este planeta las mujeres pasaran a llevar pantalones y a luchar por derechos laborales, sexuales y políticos. Es también un hecho observable que las maneras de vestirse y todo un conjunto de tecnologías del cuerpo se extienden del centro del Norte global a las periferias, en especial en los años 1990 adelante, con el fortalecimiento de la globalización y de las tecnologías de comunicación.

Como un buen mito de los tiempos modernos esta narrativa oculta otras realidades. Para evitar cometer lo mismo equívoco de pretensión universalista, me limito a mencionar el contexto latinoamericano, donde gran parte de las mujeres siempre han trabajado fuera al largo de los siglos. Así ha sido para las mujeres indígenas, negras, mestizas, esclavizadas o libertas, pobres. Estas mujeres han soportado el peso de no tener elección que trabajar en condiciones durísimas. No llevaban espartillos u otros artículos de lujo. Sus luchas de liberación, sus símbolos y personajes heroicas son otros. Las grandes narrativas sobre la liberación dejan a muchas mujeres invisibles y olvidadas.

Puede ser que algo semejante se pase con relación al teletrabajo. Hay quien diga que es la nueva tendencia para la Primavera Covid-19, bien como todo el futuro se seguirá al confinamiento. Claro que el confinamiento está llevando a una utilización exponencial de las plataformas digitales para trabajo, educación, ocio y todo el rango de sociabilidad con objetivos más diversos. Sin embargo, es evidente que los trabajos presenciales han seguido presentes, obviamente, incluso para servicios de cuestionable esencialidad y en la fase más restrictiva desde que empezó el estado de alarma. Es también obvio que no hay igualdad de acceso a las tecnologías y a los dispositivos de comunicación. Estamos delante de una complejidad de situaciones de desempleo, aplicación de ERTES, precariedad y exclusión de derechos sociales. Es una situación inédita que deja limbos jurídicos y sociales. Lejos de intentar agotar el tema, este artículo proviene de una reflexión rápida, escrita en el calor de todo lo que se pasa.

Is the Pijama the new black?

¿El teletrabajo es un nuevo mito global? Puede ser que sí.

Que hayan sido movidos por un espíritu visionario, por una buena investigación de mercado o por una simple casualidad, algunas de las grandes marcas de lujo han dibujado una serie de prendas que remiten a estar en casa, a pijamas y fundas de cama y de sofá que están en las telas utilizadas, las estampas, en los colores y los cortes. Este es el mundo del confinamiento donde el pijama is the new black.

Estamos también en el mundo donde la gigante china Huawei ha lanzado recientemente la tecnología 5G. Así como las prendas de vestir, esta es más una de las novedades que impactan directamente a nuestros cuerpos, si consideramos los dispositivos electrónicos como una extensión de uno mismo. Con este lanzamiento, la empresa sale adelante en la corrida tecnológica y financiera lo que se asocia a repercusiones geopolíticas. Hasta el momento, no hay noticia de otra empresa que detenga una tecnología tan avanzada.

En mayo de 2019, Donald Trump blindó la economía de los E.E.U.U. a las empresas de telecomunicaciones chinas – a Huawei especialmente – bajo la justificativa de que se trataba de una emergencia nacional. Luego en seguida, Google decretó un boicot a esta marca, en lo que fue seguido por otras empresas de procesadores. Esa es una de las facetas de una nueva bipolarización marcada en los dos lados por una rara combinación entre neoliberalismo e intervencionismo.

A este panorama geopolítico se suma el crecimiento en los últimos años de las posibilidades de teletrabajar. En España, aunque ya estaba presente en algunos instrumentos jurídicos anteriores, el teletrabajo fue regulado en el Estatuto de los Trabajadores, en 2012. El Artículo 13 define el teletrabajo como actividad laboral realizada de manera preponderante en el domicilio del trabajador u otro lugar, distinto del centro de trabajo de la empresa.

Sin embargo, la opción de hacer el teletrabajo de manera parcial tiene sido adoptada también por las empresas. En algunos anuncios de empleo, la posibilidad de trabajar desde casa es mencionada como un atractivo para las candidatas. También puede ser usada como un estímulo para los funcionarios se motiven a ser buenos empleados por un periodo mínimo, a partir del cual el teletrabajo parcial puede ser adoptado. Al final, es una opción asociada a las demandas de conciliación entre la vida laboral y personal.

Más que nada, se incluye en el paquete de sostenibilidad para la vida moderna en las grandes ciudades y se compagina a las posibilidades de una vida más saludable, uso de movilidad ecológica y flexible, reducción de los medios de transporte tradicionales y de la contaminación del aire. En suma, se asocia a la búsqueda de soluciones para la otra amenaza global que vivenciamos: la emergencia climática.

Es una lástima que sea un lujo. Cuando el estado de alarma ha sido decretado y el trabajo presencial reducido a los servicios esenciales, con prioridad al teletrabajo, muchas dudas han sido planteadas. ¿Cuáles serían esos "servicios esenciales"? La definición de "esencial" es regulada por un sistema de clasificación que cambia al sabor de las culturas, clases sociales y gobiernos. ¿Cuáles son los derechos de quién sigue haciendo trabajo presencial y de quién ya no lo puede hacer?

El gobierno español buscó reglamentar estos temas de una manera urgente. Sin embargo, la realidad suele ser mucho más diversificada que aquello que los dispositivos jurídicos abarcan.

Así, echemos un vistazo sobre determinados sectores laborales ya precarizados. En este caso, se debe considerar el personal de limpieza, las/os trabajadoras/es del hogar y del cuidado, transportistas, mensajeros/as de comercio electrónico, conductoras/es, barrenderas/os, cajeras/os de mercados, mozos de almacén, reponedoras/es, operarias/os de industrias.

El personal de seguridad privada, los policías, los militares de las fuerzas armadas. Los técnicos responsables por el mantenimiento de los servicios de electricidad, agua, gas y telefonía. Técnicos sociales en las residencias de ancianos, en los centros de acogida. Los informáticos que solucionan los problemas de hardware. Fontaneros y electricistas que atienden a urgencias. El personal sanitario.

Empleadas/os de subcontratas, sin contratos, contratados "en negro", "sinpapeles", autónomos. Personas que tuvieran sus relaciones de trabajo acabadas, sin derecho al paro. Personas en el paro, desde antes o después de decretado el estado de alarma. Personas que pueden ser abarcadas por el ERTE y otras que no.

A quién que les toca trabajar presencialmente no les toca llevar los abrigos Dior que se parecen a edredones. Es una situación muy distinta de nosotras que estamos delante de un mundo de ordenadores, modems, private networks, tokens, meetings, aplicaciones, plug ins y contraseñas. Y que tampoco llevamos abrigos Dior, en grande mayoría.

La reflexión para este artículo está muy conectada con la realidad empírica de Barcelona. Vivo en El Carmelo, un barrio cuya historia está asociada a la ocupación por migrantes obreros en la segunda mitad del siglo XX. El barrio recibe hoy la migración de todas las partes del mundo y mucha gente viene de América Latina, como yo misma. Tiene sido una novedad para mí hacer trabajo de campo en la terraza de mi casa y entrevistas muy informales en las redes sociales, en contacto con amigas, con conocidos de colectivos sociales y de la red de ayuda mutua del barrio.

Es obvio que en todo el mundo las realidades empíricas sobre cómo se vive el confinamiento son muy distintas. Afortunadamente, tenemos un loop actual de reflexión sobre la pandemia y sus impactos sociales, hecho por académicas y expertas de diversas áreas. Son miradas que parten de realidades empíricas nacionales y de recortes específicos; o atienden a análisis globales. Es casi imposible mapear el número de organizaciones, redes y plataformas que fomentan y difunden estas producciones en textos, imágenes, y webnarios.

Sin embargo, en el pequeño fragmento del mundo que observo desde la terraza, mientras teletrabajo y escribo este texto, lo que noto es que el teletrabajo es un lujo e incluso puede representar un efecto simbólico de distinción, en la definición de Pierre Bourdieu. Además, está conectado a un fuerte sector económico relacionado a las tecnologías de comunicación. Así, cumple el papel de un mito catalizador de la atención, pero que puede dejar en la invisibilidad todos los dilemas del trabajo presencial, del desempleo o del limbo entre una posición y otra.

Algo semejante suele pasar en relación a la educación remota, ya que esta posibilidad puede no estar accesible a muchos niños y niñas. Diferencias en educación, clase social, territorio, género y edad pueden ser marcadores que incrementan el desigual acceso a estas posibilidades.

Lavando invisibles manos

Desde la toma de decisión por la declaración del estado de alarma, el gobierno de España, así como de las comunidades autónomas, ha dictado un conjunto de normas y políticas públicas. La obligación del confinamiento y la reducción de las actividades económicas a determinados servicios clasificados como "esenciales" es imprescindible para la preservación de la salud y de la vida. Lo mismo vale para las medidas de reducción de la inseguridad laboral.

Esas medidas de intervención estatal no sólo son bienvenidas para una larga camada de la población, como también hay colectivos que están reivindicando que sean extendidas y profundizadas. Lo mismo se pasa con una campaña que se desarrolla hoy en defensa de la sanidad pública. Con la exclusión sistemática de las mutuas y servicios privados de salud en lo que se refiere a la acción contra la pandemia, un retorno a lo público parece gozar de creciente simpatía. De la misma manera, la valoración del común. Esto se siente desde las redes de solidaridad y apoyo mutuo vecinal; como de las grandes organizaciones, como Cruz Roja o Médicos sin Fronteras, que están respondiendo a la necesidad de atención psicosocial y a la salud.

Entre marzo y abril de 2020 casi 900.000 puesto de trabajo han sido perdidos, de acuerdo con los datos del Ministerio de Inclusión, Seguridad Social y Migraciones. En los últimos años, 300.000 empleos eran creados al año, lo que constituía una buena cifra y que indicaba la salida de la crisis de 2008. Pues, en un mes, tres años fueron perdidos. E esto mismo con medidas de flexibilización, como la aplicación de los ERTES (suspensión del puesto de trabajo y de la cotización social) que en la presente fecha ya afecta a 1 millón de trabajadores de acuerdo con los datos oficiales.

Sin embargo, algunos think thank apostan en diferentes salidas para la crisis económica, prevista como peor que la de 2008. Una de las propuestas incluye una renda universal mínima para el período de confinamiento. Aunque esta crisis se desarrolle en circunstancias inéditas, la banca ya se manifiesta como bien preparada con la aportación del aprendizaje sobre la crisis de 2008. Así, pretende establecer acuerdos con el Estado para ofrecer líneas de crédito para empresas, autónomos e phynes. Ya fueran adoptadas también grandes líneas de crédito para la compra de material sanitario por el sector público.

Otras ofertas incluyen créditos para investigación, anticipos de pensiones y prestaciones del paro, aplazamiento de cuotas de créditos en el alquiler de inmuebles incluidos en el Fondo Social de la Vivienda. Los bancos están aplicados en buscar soluciones para garantizar que saldrán fortalecidos de la crisis, a expensas del crecimiento de la deuda pública y privada.

Además de esas propuestas, consultorías de negocio son entusiastas por un panorama para el mundo post Covid-19 sin trabajo presencial y con más flexibilidad, lo que significa precariedad, con el predominio de la subcontratación, contratación de personal temporario o autónomo y la reducción de derechos laborales. Discursos así siguen con la defensa de que cada uno podrá aportar su "marca personal" a su trabajo y poder mejor valorar a sí mismo. El ápice de nuestra cultura neoliberal es hacer con que cada ser humano tenga el mismo valor de una empresa o de una mercancía. Y que sienta placer en ponerse a venda en el mercado laboral.

Desconozco las maneras en que una barrendera, operaria de call center, camarera o una trabajadora del hogar pueden llevar su marca personal tan lejos. Tampoco las personas que recolectan material reciclable en las basuras. Hay trabajos hechos por manos invisibles que no tienen cómo destacarse con su "marca personal". Es una ironía de la historia que son justamente grande parte de estas ocupaciones que están hoy decretadas como servicios "esenciales".

Al aire

Hace un mes que los dispositivos específicos relativos a la seguridad económica, derechos laborales y sociales tienen sido revisados, ampliados y decretados. A mediados de abril, fue decretada una serie de ampliaciones relativas à los Expedientes de Regulación Temporal de Empleo (ERTE), de la reglamentación del seguro desempleo, de la reducción de jornada para atención al cuidado de personas dependientes, vulnerables o enfermas, y flexibilización de la cotización para autónomos.

Al largo de este tiempo, también se reglamentó el aplazamiento de las hipotecas, ayudas para el pago de alquileres y paralización de desahucios. Sigue en discusión la aprobación del proyecto de renta mínima para familias vulnerables. Esas son solo algunos puntos a mencionar sobre los reales decretos relativos al estado de alarma.

Los sectores de actividades que no fueran paralizados por el confinamiento fueran: Sanidad y servicios sociales; alimentación (incluyendo agricultura, ganadería e industrias); banca y seguros; prensa; gasolineras; estancos; tecnológicas, telecomunicaciones e informática; justicia; seguridad; limpieza; servicios funerarios; servicios legales; servicio aduanero; trabajadores para garantizar el suministro de energía eléctrica; productos derivados del petróleo y gas natural; largo espectro de sectores industriales; alimentos para animales de compañía; servicios meteorológicos; comercio electrónico. Todos esos servicios fueron clasificados como esenciales y han seguido funcionando y con trabajo presencial, siempre que no puede ser sustituido por el teletrabajo.

Aunque haya sido extendido el período de confinamiento, en la segunda mitad de abril tuve fin el "período de hibernación" y otros sectores, considerados como "no esenciales" fueron reactivados, con la excepción de aquellas actividades de cara a público. En cada uno de estos sectores se ha determinado que el teletrabajo fuera empleado siempre que posible, pero lo que se observa es que las actividades presenciales siguieran siendo realizadas.

Los dispositivos jurídicos para la protección de las trabajadoras fueran ampliados al largo de las semanas, pero se mantiene cuestionable su capacidad de abarcar y dar cuenta de realidades específicas. Así es para el trabajo autónomo, subcontratado, trabajadoras del hogar, el trabajo sin contrato o bajo las aplicaciones llamadas de "colaborativas".

Hace seis años que Xavi trabaja contratado por un profesional autónomo. Prestan un servicio de encuadernación de los libros de documentos de las notarías. En diciembre, una chica había sido contratada también para hacer lo mismo servicio, pero cuando el estado de alarma fue declarado, sin tener seguridad para contar con los ingresos, el jefe la dimitió.

Desde el inicio del confinamiento, está en un limbo laboral con grande incertidumbre. Las encuadernaciones son servicios que no tienen mucha regularidad temporal, y aunque sean obligatorias, no hay un plazo estricto para que el servicio sea solicitado. Así, al que pese el fin de la "hibernación", Xavi no sabe si él, su jefe tendrán trabajo por ahora o no. Tampoco puede ser tener un ERTE, ya que jefe es autónomo. Su jefe no le puede despedir porque no tiene cómo pagarle el finiquito que corresponde a seis años de trabajo. Xavi expresa que está muy preocupado y que siente miedo de que no haya notarios interesados en contactarlos pronto.

Sin tener otra fuente de ingresos, su jefe no tendrá como le cobrar, además de que también corre el riesgo de tener dificultades para sus propios gastos con su familia, alquiler y facturas. "Los autónomos se han quedado muy al aire", me cuenta Xavi. Hablamos antes de que el gobierno decretó la reducción de la cotización para autónomos. En aquel momento, la solución ofertada por el gobierno era los créditos ofrecidos por los bancos. El jefe no estaba interesado en arriesgarse, con miedo de tener un endeudamiento ya que no sabe cuándo de hecho su situación laboral se normalizará.

Otro tema que se plantea se refiere a la fiscalización laboral rigurosa. Hay relatos de que empleados siguen trabajando, aunque estén oficialmente inscriptos en el ERTE. También es necesario fiscalización sobre la responsabilidad empresarial en relación a la aplicación de las medidas de protección a quién ejerce trabajo presencial: fornecimento de equipos de protección individual, mantenimiento de las distancias, limpieza, aplicación de turnos y reducción de jornadas... ¿La verificación de cada uno de estos detalles puede prescindir del análisis presencial por los fiscales del Ministerio de Trabajo?

Cristina hace de auxiliar de archivo para una empresa subcontrata que presta servicio a una Mutua de seguros médicos. Con el estado de alarma, los empleados de la Mutua fueran enviados a hacer teletrabajo, pero las trabajadoras externas, como Cristina, quedaron con el trabajo presencial y con una mayor carga laboral, ya que están haciendo el trabajo que antes era hecho por los fijos. Me cuenta ella que al final, no le han dejado otra opción que aceptar hacer t horas y más trabajo. La Mutua le proporcionó los equipos de protección individual. El personal de la limpieza, sin embargo, no ha recibido nada, ni de la Mutua, ni de la subcontrata.

Situaciones semejantes son vividas por el personal de limpieza que trabaja para subcontratas, o como trabajadoras del hogar y de los cuidados. En este rango de actividad, que son en que predominan las mujeres en especial las migrantes, hay una grande invisibilidad. He escuchado relatos de Kellys (como son conocidas las camareras de pisos de hoteles) que tuvieran sus contratos de obra y servicio rompido por las subcontratas; no tienen acceso al paro, tampoco a un ERTE. Las redes de soporte de los barrios se volvieran como uno de los vehículos de ayuda a muchas de estas personas que se quedaron en situación de total precariedad. Hay quien solicita ayuda para comida, vivienda y remedios, además de poyo para acceder a los canales gubernamentales de urgencias sociales.

Los riesgos laborales involucran los efectos psicosociales a los trabajadores, dada la combinación entre inseguridad de la salud e inseguridad económica. Reproduzco aquí algunas palabras escritas por Cristina, que resumen sentimientos semejantes expresos por otras personas entrevistadas:

"Me siento en peligro como cualquier persona con dos dedos de frente. Esto días se hace más evidente la tónica de degeneración capitalista y el clasismo de las empresas con sus trabajadores y los externalizados, salvaguardando a unos y poniendo en riesgo la vida de otros mandandolos a trabajar, con el elevado riesgo de contagio que ello supone. Mis perspectivas son inciertas, puesto que la información que nos llega es con cuentagotas. Por ahora seguimos trabajando pero no sabemos cuánto durará".

Esta inseguridad también ha sido expresa por Luana, teleoperadora en un call center de una grande empresa de una plataforma web de red social. Parte de la plantilla, unas 600 personas, fue designada para hacer teletrabajo. Está beneficiada por el ERTE, pero se siente insegura y teme que la empresa decida por hacer recortes y dimitir los que no están haciendo teletrabajo. Ese temor está basado en el rápido aumento del desempleo. Son casi 900.000 trabajadores afiliados menos en la Seguridad Social, de acuerdo con datos de los ministerios de Trabajo y Seguridad Social. Cerca de un tercio de este número ha ingresado en el paro.

Una de esas situaciones de limbo laboral es vivenciada por Mateo, inmigrante de Argentina, con situación administrativa regular. Entró en el paro en febrero, después de haber trabajado por un año como service desk, para una subcontrata. A principios de marzo recibió una buena propuesta laboral por otra empresa. Después de las entrevistas, habían quedado para firmar el contrato en la semana siguiente, en el 18 de marzo. En este medio tiempo, el estado de alarma fue decretado y la empresa retiró la oferta. La actividad de service desk puede ser realizada tranquilamente como teletrabajo, pero Mateo se siente inseguro de que logrará un nuevo puesto en los próximos meses. Aunque no haya terminado los cuatro meses de paro a que tiene derecho, llegó a considerar buscar también alguna oportunidad como conductor de entregas de comercio electrónico. Como tiene asma, se siente atrapado entre el miedo por la vulnerabilidad de su salud y la inseguridad económica.

El comercio electrónico despunta. Una mirada en las plataformas de búsqueda de empleo permite notar que grandes empresas como Amazon expandieron las ofertas para conductores y repartidores. Los riders siguen por las calles haciendo las entregas por las aplicaciones falsamente colaborativas como Glovo o Deliveroo. Aunque siguen también activas las pequeñas empresas de entrega de encargos y mensajerías, la uberización de la economía es una contraparte del teletrabajo.

Ya que las tecnologías de coches por conducción telemática e inteligencia artificial están en fase de elaboración y no están todavía listas para ingresar en el mercado, cabe a los conductores y repartidores la parte física del servicio de entrega a domicilio, incluso repartiendo las herramientas necesarias para que los demás puedan teletrabajar. Sólo una parte restricta de la población puede conciliar en este momento un poco de seguridad laboral con seguridad de la salud. Las manos invisibles que reparten los encargos del comercio electrónico están en los cuerpos que se exponen a la pandemia con el menor coste posible.

Carlos trabajó como conductor por muchos años. Después de algunos contratos por obra y servicio, llevaba meses desempleado y sin estar cobrando el paro. Encontró una oportunidad en una grande empresa de comercio electrónico. La jornada sigue completa, en 40 horas semanales, que pueden ser divididas de manera flexible. Puede condensar muchas horas de trabajo en un único día para tener un día libre a más. Así, hay días en que llega a hacer 12 horas.

La empresa proporcionó guantes y mascarillas. Claro que Carlos sigue con miedo de contraer la enfermedad, pero declara que no veía otra opción ya que no tiene otra experiencia profesional relevante, sus ahorros ya se acababan y es migrante brasileño sin red familiar de apoyo en Barcelona, aunque tenga también la nacionalidad española. Delante del riesgo económico, se sintió sin opción que arriesgarse en un trabajo presencial.

Muchas de las entregas que hace son de comida o equipos sanitarios, pero también reparte todo tipo de artículo, desde zapatos a bicicletas estáticas. Los servicios no-esenciales han sido bloqueados, pero ¿quién define si son esenciales o no las mercancías que pueden ser adquiridas on line y entregues a puerta de nuestras casas?

Puede ser que uno de los efectos positivos de la experiencia colectiva de confinamiento (parcial o total) que estamos viviendo nos lleve a una redefinición de lo que sea considerado "esencial" y como pasaremos a clasificar a los bienes materiales y simbólicos. Como las clasificaciones sociales son capaces de producir desigualdades y diferencias, este posible cambio no estará exento de oposiciones. Así, puede ser que estamos definiendo un campo de una lucha de las clasificaciones sobre el trabajo, en que adjetivaciones como "esencial", "presencial" y "teletrabajo" dicen mucho sobre nuestras jerarquías socioeconómicas.

Afortunadamente, mucha atención positiva tiene sido dada a lo personal sanitario. Eso es visible en las manifestaciones de la opinión pública en los medios, redes sociales y por los aplausos en los balcones y ventanas a las 8h de la tarde. Hay una sensibilización colectiva para la situación de falta de equipos de protección individual para el personal de limpieza y médico sanitario. También para su desgaste psicológico además del número de profesionales contaminados por el Covid-19.

En los posibles cambios de clasificación de lo que es definido como "esencial", además del personal sanitario, es necesario incluir todas las demás actividades relacionadas al cuidado y reproducción de la vida. En eso se incluyen las trabajadoras y educadoras sociales en las residencias de ancianos y centros sociales de acogida. También el personal de limpieza, de cuidados y auxiliares de clínica que prestan servicio a domicilio, que además de la precariedad laboral, llevan un recorte muy preciso de género y origen étnica/ nacional. Son en grande mayoría mujeres, con grande porcentual de mujeres migrantes, muchas de las cuales en situación administrativa irregular.

Por otro lado, cuando miramos a las políticas públicas relativas a los derechos laborales, se puede notar algunas ausencias. Las trabajadoras del hogar divulgaran un manifiesto reivindicando la expansión de medidas de protección laboral para este colectivo, ya marcado por la ausencia de contratos y la imposibilidad de acceder al paro o al ERTE. La misma cuestión se extiende a otras personas migrantes en situación administrativa irregular y solicitantes de asilo, trabajando en un largo rango de servicios paralizados por la situación de confinamiento.

Si reflexionamos sobre toda la cadena de producción este artículo no tendrá fin. sin embargo, pensemos sólo un poco en toda la cadena de producción y transformación desde las materias primas básicas provenientes del extractivismo, agricultura y ganadería hasta que una mercancía llegue a nuestra casa, sea por la entrega de un servicio de mensajería, sea porque la compramos en el mercado. Con todas las posibilidades de industrialización y robótica, el trabajo humano sigue siendo esencial en la cadena de producción.

A nivel global, los medios y organizaciones están haciendo cobertura y difundiendo la necesidad de acciones de apoyo a experiencias particulares de colectivos ya muy vulnerables. Eso incluye a todas las personas en los campos de refugiados, las poblaciones sometidas a guerras y conflictos armados, los pueblos indígenas en las américas y todos la población que vive en situación de precariedad en los barrios muy pobres, donde la arquitectura de las viviendas y la dinámica de la vida socioeconómica tornan el confinamiento y aislamiento social metas casi imposibles.

El COVID-19 no puede ser entendido sólo en términos médicos. La pandemia se expande en un mundo capitalista y no en un espacio neutro. Reflexionar y desnudar los problemas que estamos enfrentando en el campo del trabajo es esencial si queremos promover la protección y la reproducción de la vida.

¡*Trabajadores del mundo, uníos aislados*

Tengamos cuidado con el mito del teletrabajo. Una vez más, advierto: mito no es sinónimo de mentira. Es una explicación general para un dado estado de las cosas. Una narrativa que resume una visión de mundo de los sujetos que forman parte de una realidad estructurada en desigualdades de clase social, origen étnico-nacional, edad y género. El teletrabajo puede ser uno de los símbolos más fuertes en la Primavera del Covid-19 y del mundo que vendrá, pero no es el mundo en sí.

Claro que es una realidad y es parte de la experiencia en concreto de millares de personas. Igualmente merece atención sobre sus cuestiones específicas en relación al bien estar y derechos de las trabajadoras. Sin embargo, puede ser que a partir de este evento crítico que vivemos pasará a representar un signo de distinción y un marcador diacrítico de desigualdades. A su lado sigue y seguirá el trabajo presencial de millones de personas, por muchas y muchas estaciones, mucho más en el Sur, pero también aquí en el Norte global. La celebración del teletrabajo puede ser el triunfo de la cultural neoliberal que nos deja ciegos delante de nuestros privilegios.

***

En la web, los pop ups publicitarios enseñan gorros que combinan la funcionalidad de protección al sol y al Covid-19, ya que tapan toda a la cara con una pieza de plástico transparente. Por las calles, lo que se ve son los guantes y mascarillas; Para las/os más atrevidas/os, botellas plásticas de agua adaptadas como cascos de protección para toda la cabeza se tornaron memes. El must-have de la primavera Covid-19 está en los accesorios. Desde la terraza de casa miro a la sierra de la Collserola y pienso que hay tendencias estructurales que se mantienen inamovibles al largo de los siglos.

Donde viven las empanadillas
Comida y supermercados en tiempos de coronavirus.

José Manuel Diez Alonso
yosefnel@gmail.com
León (España), 9-25 de abril de 2020.

A mi madre
A Susana G.R. y a
Felicidad R.I.
A Inés A.G.

Resumen

Para el antropólogo Roy D'Andrade estudiar hoy en día la cultura era como estudiar la nieve en medio de una avalancha. Durante estas semanas de marzo y de abril de 2020 asistimos en un buen número de poblaciones del mundo a una situación que, si bien no desconocida para la especie humana ni tampoco totalmente imprevista, ha modificado nuestra vida. En las páginas que acabo de escribir esbozo algunas ideas, basadas tanto en mi vivencia personal como en entrevistas, mensajes y otras fuentes, acerca de cómo durante la pandemia modificamos esas convenciones sociales a las que denominamos "cultura". Los humanos formamos esa "comunidad de peligros" de la que hablaba Ulrich Beck y, aun así, no hay una experiencia uniforme, universal de la pandemia del SARS-CoV-2, pues la respuesta humana se despliega en múltiples contextos, territorios y relaciones socioculturales. Yo me he dedicado a observar dos fenómenos alimentarios situados en mi entorno más cercano: las prescripciones de los higienistas y el supermercado como un lugar transformado por las nuevas prácticas de higiene y de control social que recreamos para tratar de controlar la enfermedad. Asistimos a la abrupta emergencia de nuevas prácticas, representaciones y resignificaciones de lugares, mientras observamos esta nieve de primavera en medio de la avalancha del coronavirus.

El pan y la sal.

El sábado 14 de marzo de 2020 el gobierno español declara en todo el territorio el "Estado de alarma" y decreta el confinamiento de gran parte de la población. El presidente lo había anunciado el viernes 13 ante las cámaras de televisión. España seguía el camino de Italia para tratar de contener lo que la Organización Mundial de la Salud definió como una pandemia, la del coronavirus, causante de la enfermedad denominada Covid-19. La norma permite salir en determinados casos, lo cual, teniendo en cuenta toda la gente que ha ido a trabajar, en mayor o menor medida, según hayan cambiado las condiciones del "Estado de alarma", supone que el confinamiento es parcial, tanto por la población afectada como por las actividades permitidas.

Hay tres cosas materiales para sobrellevar el semiconfinamiento con la comodidad a la que estamos acostumbrados: agua, luz y comida. Hay compañías que nos abastecen de agua y de electricidad. La comida tenemos que salir a comprarla, porque hace mucho que la inmensa mayoría dejó de cultivar tierras y de criar animales para comer, y las prácticas de los cazadores-recolectores las conocemos por los documentales y los libros que nos hablan de nuestro pasado como especie y de algunos grupos humanos remotos visitados por periodistas, antropólogos y aventureros.

¿Qué nos hace humanos? ¿Qué nos distingue de los demás seres vivos, de los demás animales? Las respuestas han sido diversas: el tamaño cerebral, el lenguaje, la sociabilidad, el intercambio... Probablemente, la pregunta sea más retórica que otra cosa, una estrategia más o menos sofisticada para fijar una frontera entre lo humano y lo no humano. Una de las respuestas a la cuestión de la diferencia humana la ofrece el antropólogo biológico Richard Wrangham (2019) en su libro *En llamas. Cómo la cocina nos hizo humanos*. Si Lévi-Strauss, en Lo crudo y lo cocido muestra que las diversas formas de cocción de los alimentos simbolizan nuestra humanidad, Wrangham analiza las ventajas fisiológicas y biológicas de cocinar los alimentos, hasta el punto de enunciar una hipótesis culinaria: "Los humanos somos los simios cocineros, las criaturas de la llama" (p.32).

Por su parte, Claude Fischler (1995), en el gozne analítico y descriptivo donde se articulan naturaleza y cultura describe "la paradoja del omnívoro":

> Por un lado, por ser dependiente de la variedad, el omnívoro se encuentra impulsado a la diversificación, a la innovación, a la exploración, al cambio, que pueden ser para él vitales. Pero por otro lado y simultáneamente, está obligado a la prudencia, a la desconfianza, al "conservadurismo alimentario": todo alimento nuevo, desconocido, es, en efecto, un peligro potencial. (p. 62).

Según Fischler, esta paradoja conlleva una ansiedad que intentamos superar mediante un equilibrio entre innovación y conservadurismo (p. 65).

Decidir qué y cómo comemos es un conflicto, un dilema característicamente humano. En todas las sociedades, desde las antiguas y contemporáneas de cazadores-recolectores hasta los sofisticados Estados de poblaciones interconectadas mediante complejas redes de obtención -y auténtica fabricación-, preparación, distribución y consumo de alimentos, la comida es tanto un problema como una oportunidad, que suscita una gran variedad de soluciones culturales, de alimentos, de preparaciones, ingredientes y culinarias, a lo largo y ancho del mundo.

Confinados y preparados.

Bares, restaurantes, colegios y comedores escolares están cerrados en España, al menos desde el 15 de marzo. En casa la mayor parte del tiempo, estamos obligados a cocinar los alimentos o siquiera a calentar los alimentos-servicio, es decir, aquellos que incorporan procesos de transformación y están casi listos para comer.

Estos días los higienistas alimentarios prescriben qué tipo de comida resulta la más adecuada, según criterios "científicos". Dado el aumento del consumo de alimentos-servicio (Contreras y Gracia 2005: 405-458) y la disminución del tiempo dedicado a cocinar en las poblaciones "occidentalizadas", a mayor tiempo disponible le correspondería una mayor disponibilidad para aplicarse en los fogones, guisar y cocinar al estilo de nuestras madres y abuelas. Sin embargo, el confinamiento tiene otra cara supuestamente más indeseable, la de favorecer el picoteo y la ingesta de productos poco "saludables".

Así, además de las habituales publicaciones en todo tipo de medios -radio, televisión, Internet- cocineros, nutricionistas y divulgadores ofrecen ya durante los primeros días del semiconfinamiento toda una gama de consejos, recetas, prescripciones y trucos de cocina. El objetivo explícito sería alimentarnos "mejor" o, al menos, no hacerlo "peor", es decir, ayudar a organizarnos, prevenir las tentaciones de la comida basura y del picoteo.

De las 20 funciones de la alimentación que Baas, Wakefield y Kolasa propusieron en su trabajo de 1979 (Contreras y Gracia-Arnaiz 200: 35), la nutrición es sólo una de ellas. Comer no es, ni mucho menos, sólo nutrirse. Por ello, en estas semanas de semiconfinamiento muchas personas despliegan en torno a la cocina y los alimentos una gran variedad de iniciativas. En cuanto al aspecto más lúdico y mediático, está en manos, no sólo de los cocineros que tienen programas de televisión y canales propios, sino también de todos quienes difunden consejos y recetas en las "redes sociales" digitales. Estos días se adaptan las publicaciones a la situación tan extraordinaria que vivimos, mediante acciones que entrelazan las recomendaciones dietéticas, la publicidad y el espectáculo. Por ejemplo, un mediático "chef" nos sugiere "cinco recetas de cenas saludables", "porque yo también me quedo en casa", pues "nos movemos menos que de forma habitual y además tenemos que mantener nuestro sistema inmune lo más fuerte posible".

Otras prácticas están más territorial y socialmente situadas: desde el reparto de comida a domicilio como estrategia para la supervivencia de algunos negocios de hostelería a las donaciones de alimentos a los trabajadores de los hospitales. Desde los ofrecimientos de los vecinos para hacerle la compra a los más mayores a la iniciativa "Fogones para la memoria", de una organización de "mujeres rurales", "Fademur", en Aragón, que propone que los más jóvenes elaboren platos siguiendo las instrucciones de madres y abuelas y los publiquen en "redes sociales" digitales. Estas y muchas otras prácticas exceden el mero hecho fisiológico de nutrirse y despliegan la variedad de formas culturales relacionadas con la alimentación.

Higienismo alimentario.

La Academia Española de Nutrición y Dietética y el Consejo General de Colegios Oficiales de Dietistas-Nutricionistas han editado unas "Recomendaciones de alimentación y nutrición para la población española ante la crisis sanitaria del COVID-19".

El documento, de 22 páginas y consultado el viernes 3 de abril, figura con la descripción de "dinámico y abierto", en su versión 10, y ha sido actualizado el 17 de marzo. Este carácter "dinámico y abierto" se sustancia, por ejemplo, en el apartado dedicado a dilucidar si los alimentos pueden transmitir el coronavirus: "estos datos deben interpretarse con cautela debido a que el artículo se encuentra en 'preprint' y por lo tanto no cuenta aún con la evaluación por pares (...)".

El documento consta de una introducción descriptiva acerca de los síntomas, la prevención y el tratamiento de la enfermedad, la COVID-19; de unas recomendaciones dietéticas para dos tipos de pacientes, los leves y los ingresados en UCI; de recomendaciones genéricas para "una compra saludable, sostenible y responsable", donde nos dictan "qué debemos comprar durante un período de cuarentena" e intenta despejar dudas acerca de la seguridad de los productos comprados; sigue con el ofrecimiento de servicios de teleasistencia nutricional; y finaliza con consejos para embarazadas y lactantes.

En el epígrafe "¿Qué debemos comprar durante un período de cuarentena?" los redactores del documento intentan disuadir de comprar de forma "exagerada", "pues no es sostenible, solidario ni ético en estos momentos".

El documento emitido por los expertos abunda en las prescripciones nutricionales habituales, tales como la importancia de los vegetales, las legumbres, las grasas de buena calidad, las carnes y los pescados y, al tiempo, señala cómo debemos comprar, almacenar y conservar. Uno de los aspectos más reveladores es que los nutricionistas y dietistas aconsejan sobre comportamientos que no son estrictamente dietéticos ni nutricionales: evitar las aglomeraciones y "seguir las indicaciones del personal de seguridad para el acceso" al lugar de la compra, ayudar al pequeño comercio y no comprar "alimentos de forma exagerada". Estas recomendaciones que exceden lo alimentario nos indican cómo agentes que en principio no tienen una función disciplinaria recrean y tratan de contribuir a reforzar el comportamiento que consideramos eficaz y moralmente deseable. En efecto, al comenzar los días de semiconfinamiento escuché por la radio cómo una mujer alertaba: si los no celíacos compraban alimentos para celíacos, les privaban a éstos de los únicos alimentos que pueden tolerar.

Este documento muestra, no sólo la característica incardinación entre riesgo, enfermedad, incertidumbre y alimentación, sino también los intentos formales por parte de los expertos de estructurar las prácticas alimentarias mediante pautas dirigidas a una población abstracta y general, la residente en España.

No obstante, resulta pertinente preguntarnos acerca de la eficacia de estas recomendaciones y prescripciones emitidas en forma de documento escrito por parte de los agentes de un sistema experto. ¿Realmente va dirigido a la población en general? ¿Hasta dónde llega su difusión? ¿Puede servir de guía para los encargados de la comida en los hospitales y otro tipo de expertos? Estas preguntas me las suscita la duda razonable acerca de la efectividad de las indicaciones basadas en la racionalidad científica, aplicada a cualquier aspecto cultural.

¿Comemos diferente?

El *Diario de León* publica el domingo 5 de abril un artículo con el titular "Nuevos hábitos de consumo: vuelta a los platos de cuchara y la repostería", donde se relacionan estadísticas de venta de algunos productos, según la información que facilitan supermercados como Leclerc, que asegura que la venta de legumbres -lentejas, garbanzos y alubias- creció un 607% durante el mes de marzo. A su vez, habría aumentado la venta de pescado, un 17% más, aunque "a años luz del resto". Asimismo, el redactor recoge "el aumento espectacular de las compras de levaduras para repostería y de harinas para hacer pan en casa", lo cual relaciona con el mayor tiempo de ocio. De la misma forma, a medida que avanzan las semanas de semiconfinamiento, los supermercados aprecian una mayor venta de cerveza y otros alcoholes, así como de productos de picoteo.

En todo caso, conviene en este caso tener en cuenta las precauciones a las que aluden Jesús Contreras y Mabel Gracia-Arnaiz en cuanto a las estadísticas y los estudios cuantitativos (2006: 75): "La mayoría de los análisis sobre tendencias alimentarias se han elaborado a partir de lo que las personas dicen que comen o creen que comen o que compran". Así, hay un desfase o décalage entre lo que la gente dice que come y lo que realmente come, sólo apreciable mediante una investigación etnográfica y cualitativa, y también entre lo que se compra y lo que se come. Por lo tanto, aún es demasiado pronto para apreciar cambios significativos en la alimentación, más allá de la práctica imposibilidad de comer en bares y restaurantes en España y en otros Estados. En el mismo sentido, resultaría ilusorio reducir, como advierte Claude Fischler (1995: 15), las prácticas alimentarias a meros hábitos o comportamientos, sin tener en cuenta toda la variedad de relaciones, variables y significados culturales implícitos en la alimentación humana.

Supermercados.

En nuestras poblaciones complejas y numerosas, es un "sistema experto" quien nos procura la mayor parte de nuestra comida. "Sistema experto" es un concepto acuñado por Anthony Giddens (1993: 37) comprensivo de "sistemas de logros técnicos o de experiencia profesional que organizan grandes áreas del entorno material y social en que vivimos". Gran parte de la humanidad ya no caza ni recolecta. Tampoco cultiva. La industria se ocupa de nuestra alimentación. Y en esa cadena que va de la producción de alimentos a nuestra mesa, el supermercado es en gran medida el contenedor donde nos aprovisionamos de comida, como si se tratara de cualquier otro objeto de consumo.

El supermercado, una tienda extensa perteneciente a un grupo empresarial más o menos poderoso, donde trabajan asalariados y que conlleva un conjunto de prácticas, de estrategias y de interacciones, acapara cada vez más en España y numerosos Estados su condición de lugar por excelencia para el proceso de asignación de alimentos, en su fase distributiva. Es donde compramos los alimentos de manera mayoritaria, aunque no exclusiva. En todo caso, procurarnos los alimentos en tiendas y supermercados es tan común que apenas sabríamos cómo conseguir comida ante un colapso de la producción de alimentos o de la logística y el transporte. Así, antes de la declaración del "Estado de alarma" en España vi un *meme* con el siguiente texto: "Si cierran los supermercados, tendremos que ir a cazar, y yo ni siquiera sé dónde viven las empanadillas".

El Real Decreto 463/2020, del 14 de marzo, (BOE núm. 67), por el que se declara el "Estado de alarma" en España, establece en su artículo 7.1.a) que las personas únicamente podrán circular por las vías de uso público para, entre otras cosas, adquirir alimentos, con lo cual la ida y vuelta, de casa al supermercado, es una de las contadas salidas de casa legalmente permitidas. Durante la pandemia y el semiconfinamiento, en mi ciudad y en España, salvo alguna excepción, han cerrado los mercados "tradicionales", al aire libre. Algunas tiendas pequeñas aún permanecen abiertas, singularmente las panaderías, pero muchas "tiendas de barrio" han cerrado. Tampoco es legalmente posible trabajar en el propio huerto, si éste se encuentra ajeno a la vivienda habitual. Las autoridades advierten de que debemos salir de casa lo menos posible. "Quédate en casa" es un lema difundido por los medios más variados, desde las moscas o logos de las televisiones hasta los perfiles de *Facebook*. No es, por tanto, aconsejable comprar aquí una cosa y allá la otra. Así que nos inducen a comprar lo que necesitamos en un solo supermercado, aunque completemos la compra en una panadería o una pescadería cercanas. El supermercado se ha erigido en el centro de nuestra limitada sociabilidad presencial, y las grandes cadenas de alimentación han adquirido aún más importancia de la que tenían hasta ahora frente a los mercados y los productos de cercanía.

Sensaciones

Una empresa con una numerosa red de supermercados en España anuncia el viernes 3 de abril "nuevas medidas" para hacer frente al coronavirus. Entre ellas, pretende priorizar las compras de las personas que acrediten pertenecer a la sanidad, de atención social y policial. Además de las rutinas higiénicas que se realizan a la entrada de los locales de la cadena desde hace varios días: la desinfección de manos por parte de los clientes y la utilización de guantes de plástico; asimismo, la colocación de mamparas protectoras de metacrilato en las cajas, que marcan la frontera física y simbólica entre cliente y trabajador/empresa.

Sin embargo, no hay, no puede haber, una exacta correspondencia entre la enunciación verbal de convenciones -normas, leyes, decretos, recomendaciones, etc.- y la recreación, interpretación y puesta en práctica de los agentes.

Susana es educadora infantil y comenzó a trabajar en un supermercado una semana antes de la declaración del "Estado de alarma". La situación se precipitó en unos pocos días, cuando los clientes comenzaron a agolparse y acapararon papel higiénico y otros productos. Susana trabaja con guantes, la talla L, la única de la que disponen, que no le queda muy bien, con mascarilla y con unas gafas que le aprietan y le dejan marcas. Refiere que su cometido es tranquilizar y ofrecer seguridad y, en ocasiones, brindarle al cliente una sonrisa, aunque no se aprecie del todo, por la mascarilla que lleva.

Al inicio del "Estado de alarma", Susana observó cómo había algunas personas que quedaban en el súper para verse y charlar. Les obligan a entrar de uno en uno, pero una vez dentro se ponían a conversar, lo cual no está permitido. Hay carteles a la entrada, pero Susana dice que no los lee nadie. Susana agradece a su empresa la información y las medidas de protección, aunque en los vestuarios no puede guardar la distancia de seguridad cuando en su turno coincide con un número considerable de compañeras en un espacio reducido. No tiene miedo, pero el trabajo estos días sí le genera un estrés considerable y llega a casa agotada, no por el trabajo habitual, que consiste en reponer y en atender la caja, sino por la tarea añadida de estar pendiente de que la gente cumpla con las normas, y de enfrentarse a lo que percibe como un creciente nerviosismo. Un cliente se negó a guardar la distancia de seguridad y llegó a insultarla. Otro puso una reclamación porque en ese momento el supermercado no tenía la oferta de dos botellas de refresco de cola en un mismo envase. Susana detecta que es a la gente mayor a quien más le cuesta adaptarse a las restricciones; van a comprar como si fueran días normales. Susana piensa que así están un tiempo fuera de casa, que a veces sólo acuden a comprar el pan, y que mientras guardan las colas de entrada y en la caja se pueden pasar al menos una hora fuera de casa. Susana sabe que pueden multar por hacer compras pequeñas y que otro supermercado cercano ha establecido un mínimo de compra de 30 euros. Permiten el pago en efectivo, aunque aconsejan pagar con tarjeta. Me cuenta Susana que algunos clientes se lían con los guantes que les obligan a colocarse a la entrada, de plástico, como los que se encuentran donde el pan y la fruta, y que no deben quitarse hasta después de pagar. Sin embargo, algunos clientes le dicen que no pueden coger la tarjeta, y Susana les aconseja que la tengan ya preparada. Susana procura que cada cliente guarde las distancias y que nadie deposite la compra en la cinta hasta que el cliente anterior haya embolsado la suya, aunque comprueba una y otra vez que la gente tiene prisa; apreciación que muestra la relativa dificultad de concebir y de construir espacios de menor densidad, de superar el horror vacui que yo mismo he observado en las colas formadas en lugares de consumo y que ahora se da de bruces con las prevenciones aconsejadas por los expertos y con la distancia corporal prescrita por las autoridades y señalada con carteles y líneas en el suelo. Susana ha trabajado con niños y piensa que es más fácil tratar con ellos que con los adultos en el supermercado. No obstante, considera que hay una buena relación y bastante unión entre las compañeras y los compañeros.

> El trabajo que tengo yo es ser cajera. Entonces, antes de todo esto pues me dedicaba a pasar los productos y a cobrar y ya está. Pero claro, ahora con todo este tema y que la persona que está de vigilante no está en todos lados, pues también me tengo que encargar, sobre todo yo, del aforo por la parte de mi puerta, de que se pongan los guantes, de que mantengan la distancia de seguridad (...), aparte de cobrar, de que mantengan la calma y de darles mensajes de tranquilidad, porque hay gente que viene con mucha ansiedad y nerviosa, y entonces, es un poco así, un cúmulo de cosas que tengo que hacer que una termina saturada y hasta arriba. Eso, por un lado, y a medida que pasa el tiempo la gente está más ansiosa, más furiosa, no

tienen tanta paciencia y les tenemos que estar recordando continuamente la distancia de seguridad, que no se quiten los guantes, que esperen a un lado o a otro de la cinta, para mantener esa distancia de seguridad entre nosotros mismos y entre los diferentes clientes, y eso hay que estar continuamente repitiéndolo, y hay veces pues que al final de la jornada acabas agotada de estar continuamente controlando a todo el mundo lo que tiene que hacer.

Hay como las dos caras de la moneda. Unos que te transmiten esa energía positiva y te dan ánimos para seguir todos los días, que nos dan las gracias, que a todas y a todos, diciéndonos que lo estamos haciendo muy bien, y, por otro lado, las personas que están furiosas, están a lo mejor pues con muchos problemas, y lo pagan con la persona que tienen enfrente, que en este caso somos las cajeras o los cajeros, y que vienen furiosos y que gritan por todo y al final la lían.

Cuando estas semanas vamos a comprar escenificamos una sencilla aunque significativa ceremonia, casi un rito de paso: desinfectarnos las manos en el umbral que conecta la calle y el espacio del avituallamiento, el afuera más descongestionado y el adentro donde la concentración de cuerpos hace más arriesgada la interacción. Las personas que cobran en las cajas tienen un aspecto aún más impersonal, pues al uniforme y a la disposición corporal y los gestos rutinarios hay que sumarle la ocultación de parte del rostro por la mascarilla, la utilización de guantes y la salvaguarda, en algunos casos, tras mamparas de metacrilato. Todo ello para evitar en la medida de lo posible el contacto corporal. Porque el cuerpo no termina -y comienza-

en la piel; excede esa frontera y se expande, como dicen quienes estudian la transmisión del coronavirus, mediante las gotas y gotículas que expelemos cada vez que hablamos, tosemos y, simplemente, respiramos. Nuestro cuerpo, sospechoso, se extiende fuera de los límites más reconocibles, y esa corporalidad infectiva supone un halo potencialmente ponzoñoso del que conviene salvaguardarse y distanciarse. Son esos "guisantes" que se imagina Felicidad para visualizar el peligro del coronavirus y que se posan en distintas superficies; según ella, en un *whatsapp* enviado el viernes 3 de abril "Están en cualquier lugar. En los manillares, en los botones del ascensor, en las estanterías, las monedas, los envases..."

Resulta comprensible que para algunas personas acudir al supermercado conlleve una dosis de ansiedad. Así, para Felicidad, la madre de Susana, que me envía un mensaje de *whatsapp* el jueves 2 de abril:

> Hoy he ido a las tres de la tarde y he tenido que esperar diez minutos en la calle para poder entrar. Una lista pretendía colarse. Me puse los guantes, la mascarilla, llevaba mi lista, no veía las cosas porque se me empañaban las gafas. No encontré el alcohol. Agotado. Se me ha caído la hoja con la lista de la compra al suelo y he tenido que cogerla rápidamente con el consiguiente riesgo. He pasado por la caja de Susana, pero estaba tan tensa que ni la he sonreído, aunque no lo habríamos visto con la cara tapada hasta los ojos. El pelo me tapaba media cara y no podía retirarlo para no tocarme la cara con las manos. He vuelto con el carro cargado hasta arriba, no podía subir la escalera. Se me ha ocurrido coger con una mano la parte de abajo. Error, virus! He llegado agotada [*emoji* compungido y sudoroso].

En otro mensaje de *whatsapp*, Inés resume sus sensaciones a la hora de ir al supermercado:

> Es verdad q ahora comprar no apetece nada. A mí se me queda la mayor parte d la lista en el papel porque estoy deseando salir.

Y la mañana del 7 de abril Inés me envía por el mismo medio su tétrica reflexión:

> En estos momentos un supermercado es como un cementerio. Todos entramos con semblante serio y sin mediar palabra. Cada uno busca lo suyo sin acercarse a nadie y esquivando a los demás y cuando terminas y te vas, casi sin despedirte, el subconsciente piensa: ¡Ojalá por venir aquí no acabe en la tumba! Es una reflexión un poco exagerada y extremista pero es la sensación q tengo cuando voy.

El mismo-distinto lugar

Es común estos días oír y leer que vivimos una distopía, un mal sueño. Y en las pesadillas, como sabemos, nadie es quien aparenta, ni los lugares son lo que parecen ser durante la vigilia. En esta pesadilla tan real los supermercados mantienen la misma función, están donde estaban y, sin embargo, mucho ha cambiado en ellos: cruzar el umbral, contener los gestos, guardar las distancias y controlar con la mirada los cuerpos de los demás, comprar y acarrear las bolsas para regresar a casa, el refugio más seguro.

Los supermercados y las tiendas, como espacios legitimados para el encuentro con los otros, revelan estas semanas una consideración ambigua. Por un lado, en sus pasillos y en sus inmediaciones nos podemos encontrar con conocidos no siempre reconocibles: Una mujer le señala a otra la mascarilla en la cola de una farmacia y le dice "No te conocía", y le confiere a su saludo una condición fronteriza entre las convenciones de socialización y de distanciamiento corporal. A la vez, estamos impelidos a guardar una más que prudente distancia. En los supermercados nos disciplinamos de manera imperfecta. "Todos somos manipuladores de alimentos", dice una empleada para convencer a una clienta de la obligación de ponerse unos guantes de plástico.

Esa función disciplinadora del supermercado se despliega atendiendo a una modificación, a un desplazamiento de significado o resignificación del lugar que no han pasado desapercibidos para Felicidad, para Susana, para Inés ni para mí. El lugar es el mismo, pero al tiempo es otro. Son espacios críticos, fronterizos, donde te puedes infectar, donde se reúnen decenas de personas y que, por ello, sin dejar de ejercer su función primordial, distribuir alimentos y otros bienes, y precisamente por ello, se convierten en lugares peligrosos, donde ensayar la nueva disciplina corporal protectora. Hemos desplazado la sensación y aceptabilidad del riesgo desde los alimentos, más o menos seguros y saludables, al propio contenedor y a una relación espacial con los demás compradores y trabajadores que se torna conflictiva. Cerrados los bares, los templos, los museos, los estadios, las piscinas, los gimnasios, los restaurantes, las universidades, los cines y los teatros, quedan los supermercados, las tiendas y las farmacias, además de los hospitales y contados centros de trabajo, como espacios de encuentro e interacción corporal. Ese imperfecto monopolio de la socialidad durante el semiconfinamiento es el que los convierte en lugares que añaden a su función distribuidora de alimentos la de lugar de encuentro y disciplina de las formas emergentes de relación, y cuyo alcance y temporalidad apenas podemos vislumbrar.

Pensar en medio de la avalancha.

Hay algunos conceptos sociológicos y filosóficos que he revisado estos días, como instrumentos analíticos de esta nieve en medio de la avalancha.

Giorgio Agamben (2011) ha definido un término utilizado en la obra de Michel Foucault, el "dispositivo", que, según el filósofo italiano, remite a "un conjunto de prácticas y mecanismos (invariablemente, discursivos y no discursivos, jurídicos, técnicos y militares) que tienen por objetivo enfrentar una urgencia para obtener un efecto más o menos inmediato". (p. 254)

Agamben generaliza el concepto "dispositivo" a todo aquello que produce subjetividad, opiniones y conductas (p. 257). Esta categoría nace, tanto en Foucault como en Agamben, de las reflexiones acerca del gobierno -la "gubernamentalidad"- y del poder, y suelen tener, a mi juicio, una connotación moral negativa, epítome de las formas en que se despliega un poder que, en las sociedades contemporáneas, se desliza en algunos casos hacia una suerte de autoritarismo postdemocrático.

En el caso de la pandemia del coronavirus, en las poblaciones de España y de otros Estados, entiendo que resulta interesante aplicar la noción de dispositivo en un sentido analítico, para describir la relación entre normas legales y prácticas, formación de nuevas convenciones y resignificación de lugares. Los decretos del gobierno, la vigilancia y el control social que ejercen desde sus ventanas algunos vecinos sobre quienes pisan la calle, los memes que divulgamos con nuestros móviles, tabletas y ordenadores, los informativos, las comparecencias ante la prensa de las autoridades políticas y científicas, las estadísticas, etc., constituyen todo un vasto conjunto de prácticas, lugares y representaciones, dirigido, entre otras cosas, a "luchar" -según los discutidos tropos bélicos más utilizados- contra el coronavirus y la pandemia que ha provocado. Y su eficacia no dependerá de las normas escritas, sino de las prácticas concretas que las personas sean capaces de actuar para salvaguardar su salud, su vida y la de los demás. El dispositivo será un concepto provechoso para la descripción y la interpretación antropológicas, siempre y cuando lo asociemos a las prácticas concretas, lo despojemos de su hipermoralización negativa y sirva para observar cómo resulta el mecanismo de articular mandatos y enunciaciones verbales con las prácticas situadas de personas y de colectivos. En ocasiones consideraremos que esa articulación resulta virtuosa, en función tanto de las decisiones adoptadas como de su puesta en práctica en todos y cada uno de los lugares, en todas y cada una de las interacciones, en esa miríada de relaciones limitadas que sostienen la socialidad durante estos días, y en tanto y cuanto nos ayude a proteger y a protegernos, en una red donde fortaleza y vulnerabilidad juegan una extraña y peligrosa danza que es preferible bailar en la distancia de los cuerpos. Si acuerparse es en determinados contextos una estrategia para la resistencia y el apoyo mutuo, en estas semanas distanciarse es la mejor estrategia, la condición de posibilidad que nos ayudará a restablecer lo que entendemos como, según unos, el equilibrio al que debemos regresar, -"esto es un paréntesis"- y según otros, el tiempo de una nueva sociedad -"ya nada será como antes"-. Si la imagen espacial del túnel o del pasillo por el que debemos transitar resulta pertinente, cómo saldremos de la pandemia y del semiconfinamiento resulta una incógnita, un entorno saturado de moralidad y de dilemas que percibimos aún borrosamente como decisivos: volver al productivismo o ralentizar las vidas; adaptarnos o innovar; procurar un mundo social más igualitario y mejor preparado o agrandar aún más la brecha de la desigualdad y continuar la destrucción del entorno que imaginamos, construimos y habitamos.

Bibliografía

Agamben, Giorgio (2007) ¿Qué es un dispositivo?, Sociológica, año 26, núm. 73, pp. 249-264 mayo-agosto de 2011.

Contreras Hernández, Jesús y Gracia-Arnáiz, Mabel (2005) Alimentación y cultura. Perspectivas antropológicas, Barcelona: Editorial Ariel, S.A.
        (2006) Del dicho al hecho: las diferencias entre las normas y las prácticas alimentarias, en Miriam Bertran y Pedro Arroyo (ed.) Antropología y nutrición, México D.F., Fundación Mexicana para la Salud, A.C.

Douglas, Mary (1973) *Pureza y peligro. Un análisis de los conceptos de contaminación y tabú*, Madrid: Siglo XXI de España Editores, S.A.

Fischler, Claude (1995) *El (h)omnívoro. El gusto, la cocina y el cuerpo*, Barcelona: Editorial Anagrama, S.A.

Foucault, Michel (1967) Los espacios otros. Una reflexión sobre espacios donde las funciones y las percepciones se desvían en relación con los lugares comunes donde la vida humana se desarrolla, conferencia pronunciada el 14 de marzo de 1967 en el "Cercle d'études arquitecturales".

Giddens, Anthony (1993) *Consecuencias de la modernidad*, Madrid: Alianza Editorial, S.A.

Goody, Jack (1995) *Cocina, cuisine y clase. Estudio de sociología comparada*, Barcelona: Editorial Gedisa, S.A.

Velasco Maíllo, Honorio Manuel (2007) Cuerpo y espacio. Símbolos y metáforas, representación y expresividad en las culturas, Madrid: Centro de Estudios Ramón Areces, S.A.

Wrangham, Richard (2011) En llamas. Cómo la cocina nos hizo humanos, Madrid, Capitán Swing Libros, S.L.

Sobre el autor

Licenciado en Antropología Social y Cultural (2013) y Máster Universitario en Investigación Antropológica y sus Aplicaciones (2018), ambos por la Universidad Nacional de Educación a Distancia-UNED. Vivo en León, España, y trabajo en la administración pública desde hace más de treinta años. Mis intereses en antropología son la alimentación, la sexualidad, las memorias colectivas, la antropología del cuerpo y la antropología política. He impartido charlas y cursos sobre antropología de la alimentación y sexualidad y participado en programas de radio y televisión. En la actualidad pretendía organizar un curso de verano sobre antropologías del cuerpo y tengo en preparación un libro sobre las prácticas, técnicas y representaciones mediante las cuales transformamos nuestras relaciones sexoafectivas.

La solidaridad en los tiempos del coronavirus

Isabel Ponce Velasco
ipove@hotmail.com
6 de abril de 2020. Madrid, España.

Resumen

La necesidad de una respuesta común ante una crisis global está revelando el papel de la solidaridad en nuestras sociedades. Desde los héroes anónimos hasta los proyectos colaborativos basados en el valor humano, pasando por los que no respetan la cuarentena o las actitudes "repugnantes" que amenazan la cohesión, estamos viendo como la crisis pone de relieve la necesidad e importancia del interés común y la solidaridad social, planteándonos, al mismo tiempo, numerosos desafíos y un nuevo criterio de responsabilidad. El siguiente texto es una aproximación a la solidaridad en tiempos de crisis desde la propia crisis, el confinamiento y el raudal de información que estos días inunda nuestras vidas.

Introducción

Estamos viviendo una situación que bien podría ser el germen de una distopía que leeríamos en un libro o veríamos en una película, pero que nunca hubiéramos imaginado experimentar en primera persona. La excepcionalidad nos deja perplejos, con una percepción de irrealidad propia de las vivencias difíciles y dolorosas, porque parece que lo terrible, lo desgarrador, no va a pasarnos a nosotros. Era una gripe, procesos contagiosos de países superpoblados, algo que ocurría demasiado lejos para que nos afectara. Y arropados por esa sensación de falsa seguridad que necesitamos para sobrevivir, nos creíamos a salvo y que, en cualquier caso, podríamos controlar la situación fácilmente y mantener la estabilidad propia de nuestro mundo. Pero este virus nos está mostrando otra realidad y nos vamos colocando como podemos en mitad de la tormenta. Sumidos en las preocupantes noticias que llegan cada día, en el confinamiento de la falta de contacto y en las medidas de seguridad que han dado un vuelco a nuestras rutinas, afloran emociones y pensamientos de todo tipo, y vamos intentando comprender y aceptar, de alguna manera, lo anómalo.

Nos estamos adaptando a una situación desconocida, cambiante e incierta, y forzados por las mismas circunstancias, lo estamos haciendo todos a la vez. Pero depende solo de nosotros que sea juntos y entre todos. Estos días compartimos los mismos sentimientos de miedo, incertidumbre y preocupación. Nos quedamos en casa no solo para protegernos y proteger a nuestras familias, también para frenar el número de contagios y no saturar los servicios sanitarios. Y, además, nos indigna que otros no cumplan la cuarentena porque nos ponen en riesgo a todos, como comunidad. No son solo las normas o recomendaciones, se apela a la responsabilidad por el bien común y a la disciplina social. En estos tiempos de crisis, más que nunca, se pone de manifiesto la importancia, pero sobre todo la necesidad, de pensar, actuar e incluso sentir como miembro de una sociedad y no solo como individuo. Más allá de uno mismo, incluso de ayudar a nuestro vecino o realizar una donación, necesitamos la empatía social para enfocarnos en causas comunes y proceder desde la acción colectiva. Aquí no vale el "sálvese quien pueda", aunque en realidad no ha valido nunca, sino la idea de actuar unidos con un objetivo común, desde la verdadera solidaridad social.

Contagiosa solidaridad

La solidaridad se da a muchos niveles y sus formas de expresión son tan variadas como las propias personas, grupos y sociedades. Desde el inicio de la crisis, escuchamos la palabra solidaridad sin cesar en la prensa, televisión, redes sociales, e incluso a veces la escuchamos sin nombrarla, personas que actúan porque sienten que necesitan hacer algo por los demás y simplemente ponen su granito de arena donde hace más falta, o aquellas que alzan su voz cuando ya es inconcebible seguir callando.

Las manifestaciones de solidaridad estas semanas son innumerables y cualquier intento de exponer toda su riqueza resultaría injusto. Pero por poner algunos ejemplos, podríamos hablar de los primeros voluntarios espontáneos que se ofrecieron a ayudar con la compra a sus vecinos más mayores, incluso antes de la declaración del estado de alarma. Máquinas de coser caseras haciendo mascarillas para hospitales, ante la falta de material sanitario, para proteger a los que están en primera línea de fuego. Agricultores y ganaderos que pocos días atrás llenaban ciudades con sus tractores reclamando un precio justo dejaron sus protestas para abastecer a la población de alimentos y desinfectar los espacios públicos con su maquinaria. Fábricas de todo tipo que redoblan esfuerzos reconvertidas en productores de material protector; empresas y autónomos que no solo realizan donaciones o proporcionan servicios gratuitos, sino que facilitan la comunicación entre familiares en hospitales y residencias de mayores, comida a los que cuentan con menos recursos o material higiénico a las personas sin hogar, respondiendo rápidamente a lo más necesario.

Pero en una situación tan crítica, y aunque se dé en menor medida, también se hace más visible que nunca la falta de solidaridad. El consumo irresponsable de los primeros días en los supermercados, creando colapso y escasez de productos, nos sumió a todos en un estado todavía más alarmante. Pero también lo fue la compra indiscriminada de mascarillas en las farmacias, fruto del pánico, dejando a las personas de riesgo que realmente las necesitaban sin posibilidad de encontrar estos artículos. Hemos visto personas saltarse la cuarentena para salir a correr, desde nuestra propia ventana o en las redes sociales. Otros que buscan la trampa dentro de la ley y salen más veces de las necesarias a comprar o a sacar al perro. Los viajes a segundas residencias, aprovechando el buen tiempo, el primer fin de semana que ya sabíamos que esto era real, que había llegado a España y que teníamos que tomar medidas entre todos. O las críticas feroces de medios internacionales sobre la gestión de la crisis a los países afectados en los momentos más duros, cuando se alcanzaba el pico de muertes y contagios.

Con este abanico diverso de comportamientos, nos preguntamos hasta dónde puede llegar la creencia popular de que las situaciones críticas sacan lo peor y lo mejor de nosotros mismos. Aunque quizá, más que lo bueno o lo malo, las crisis simplemente revelen lo que somos en realidad, y no solo como personas individuales, también como sociedad, como nación y, ante una pandemia mundial, como humanidad. Dentro de esa sensación de estar viviendo una película ficticia más que una realidad, podemos reconocer a nuestro alrededor personajes "en crisis" de distinto tipo, como si de una historia se tratara: el conciliador que intenta mantener una civilizada convivencia dentro del caos; el que prioriza ayudar a los demás y, sobre todo, a los más débiles; el que tiene un interés oculto que se desvelará más adelante; o el que pierde los nervios y, con ello, la capacidad de ser útil para el grupo. En esta situación, no podemos evitar acordarnos de obras en las que la sociedad, o la propia humanidad, se ponían a prueba, que se nos antojaban insólitas, pero que ahora cobran un nuevo sentido a la luz de nuestras circunstancias. Una de ellas bien podría ser *Ensayo sobre la ceguera* en la que José Saramago, Premio Nobel de Literatura de 1998, intentaba mostrar el comportamiento del ser humano en las condiciones más extremas, cuestionando si de verdad somos tan civilizados como creemos y, además, criticando con dureza el egoísmo como camino a la supervivencia.

Pero no es solo que estos libros vengan a nuestra memoria. Con los inicios de la crisis, primero en Italia y más tarde en

España, se dispararon las ventas de publicaciones apocalípticas relacionadas con pandemias, enfermedades, plagas... Algunas de ellas, como *La peste*, de Albert Camus; *El último hombre*, de Mary Shelley; o la anteriormente citada, *Ensayo sobre la ceguera*, han alcanzando, junto a otras de temática similar, los primeros puestos de los libros más vendidos. Tal vez necesitamos ver qué ocurre en escenarios parecidos al nuestro, cómo se desarrollan los acontecimientos y personajes; o quizá sea una forma paradójica de mitigar la incertidumbre y el miedo cuando no dejamos de preguntarnos qué va a pasar cuando todo esto pase. Estos días estamos desplegando diferentes y hasta curiosas formas de ubicarnos en un mundo que está cambiando. Acudimos a la literatura, intentamos estar conectados con lo que está pasando y cómo se está viviendo, nos interesa estar informados sobre la evolución de la pandemia y las medidas que se van tomando alrededor del mundo, y cada día saber si se vislumbra, aunque solo sea un poco, la luz al final del túnel. Pero si es cierto que las situaciones de crisis revelan nuestra verdadera naturaleza, podríamos aprovechar el momento para preguntarnos en profundidad qué sociedad somos y por qué actuamos como lo hacemos. Mirarnos al espejo sin miedo para ver con más claridad nuestras luces y sombras, y utilizar ese reflejo sincero para ver hacia dónde vamos ahora.

No es tampoco la primera vez que nos planteamos estas cuestiones, pero desde luego nunca lo habíamos hecho en estas circunstancias. Los debates sobre competencia o cooperación, solidaridad, civismo o las relaciones del individuo con la sociedad, entre muchos otros, siempre están abiertos. Pero estos días no solo lo estamos viendo más cerca que nunca, sino que lo estamos viviendo en primera persona, en una situación en la que, además, por mucho que quisiéramos, no podríamos mirar hacia otro lado. Uno puede decidir no salir a aplaudir en la ventana a las ocho de la tarde, pero no dejará de escuchar ni un solo día los aplausos. Los valores y los principios, esas normas propias que nos rigen internamente, también están viviendo la crisis. Y lo vemos cuando nos preguntamos, por ejemplo, si realmente es necesario salir a comprar otra vez, cómo estará ese vecino al que hace tiempo que no vemos o qué podemos hacer nosotros para mejorar la situación. El contagio estos días no es solo por coronavirus, también se contagian la solidaridad y la esperanza, la cohesión y el compromiso, y por otro lado, el alarmismo, el miedo y la rabia. En nuestras manos está de qué queremos contagiarnos.

Solidaridad, bonita palabra

A veces usamos tanto ciertas palabras que acaban perdiendo parte de su sentido real, especialmente cuando se trata de conceptos abstractos con diversidad y complejidad semántica que, por otro lado, resultan difíciles de concretar. Su uso masivo, llenando espacios por todas partes, las despoja de fuerza y profundidad. Solidaridad es una de esas palabras, asociada generalmente a las ONG, la ayuda humanitaria o la cooperación internacional. Otras veces la confundimos con otros términos como generosidad, caridad, ayuda y, aunque lo parezca, no significan lo mismo. Podemos sentir compasión o empatía por alguien que necesita apoyo para superar una situación difícil y compartir con esa persona lo que tenemos a nuestra disposición, pero la solidaridad encierra en su significado algo más grande, muchas veces tan intangible que es complejo de definir: lo común. Ya sea por un bien, un interés, una idea o una causa común, la solidaridad es lo que nos une y engrana, desde el respeto y la empatía, para sumar esfuerzos y actuar como un todo. Principios que mejoran el mundo, problemas que nos afectan a todos, o soluciones que irremediablemente tenemos que implementar juntos requieren comprender la esencia de la solidaridad.

Tampoco se trata solo de aunar fuerzas en un momento puntual o ante una determinada circunstancia, es una manera de entender cómo funcionamos y nos disponemos como individuos y como parte de un cuerpo social. Sin ir más lejos, el art. 2º de la Constitución Española establece el principio de solidaridad como una condición general de la organización del Estado que exige atender al interés común y no solo al propio. Y aunque en su lectura quizá se podría interpretar más bien económicamente, durante la crisis estamos viendo que ese principio también actúa para compartir responsabilidades y compromisos entre comunidades autónomas, como el préstamo de respiradores a las zonas más afectadas. Pero si hablamos de interés común e interés propio, no podemos dejar de nombrar al famoso filósofo y economista Adam Smith que, en su libro *La riqueza de las naciones*, nos decía que: "Perseguir el propio interés frecuentemente fomentará el de la sociedad mucho más eficazmente que si de hecho intentase fomentarlo" (Smith, 1776). Y aunque sus ideas y planteamientos, desde la filosofía moral y la libertad con valores éticos, son mucho más ricos y abarcan otros conceptos, algunos parecen haber interpretado estas palabras al pie de la letra. En estas circunstancias de crisis, podríamos plantearnos qué ocurriría si asumiéramos esa interpretación. Con un virus que campa a sus anchas por nuestras calles y lugares públicos, uno podría llegar a la conclusión de que evitar el contacto y no contagiarse es la clave para cuidar de sí mismo y proteger a los demás. Pero si nos quedáramos solo con esa idea, sin ir un poco más allá de nosotros mismos, también podríamos preguntarnos qué hubiera pasado, por ejemplo, con las familias sin recursos, con las personas sin hogar o con los mayores que no pueden salir a la compra si nadie hubiera pensado en ellos. Aunque tampoco es necesario fijarse solo en los más vulnerables, si el personal sanitario no estuviera multiplicando esfuerzos, arriesgando su propia salud y optimizando los pocos recursos que tienen a su disposición, todos estaríamos en peligro.

Somos interdependientes y, además, con desigualdades, unos necesitan más que otros, pero lo innegable es que todos necesitamos a los demás para sobrevivir, mucho más en este mundo que hemos creado. Y no solo a nivel material, somos seres sociales, la relación con los demás y el sentimiento de pertenencia al grupo nos sostiene y la falta de apoyo y compañía nos hace enfermar, como han demostrado numerosos estudios que investigan los riesgos para la salud de la soledad no deseada. Contar con una red social efectiva es esencial para el bienestar de las personas que componen una sociedad en la que todo está interrelacionado, donde la colaboración, la reciprocidad y el apoyo mutuo pasan de ser importantes a ser evidentemente necesarios. La solidaridad es un valor humano por excelencia, somos sensibles a las circunstancias y sentimientos de los demás, pero en los crecientes entornos individualizados cada vez conocemos menos a nuestros semejantes. No conocernos, no saber siquiera a veces quiénes son nuestros vecinos, conlleva no conocer las dificultades del otro. Pero cuando somos conscientes de los problemas, ya sea una necesidad personal, una injusticia social o una emergencia humanitaria, por ejemplo, nos resulta más fácil movilizarnos motivados por la empatía.

Fundaciones, ONG, asociaciones y otras organizaciones sin ánimo de lucro informan estos días de un considerable aumento de voluntariado en sus entidades. Y aunque, según las estadísticas a nivel general, se suele situar la participación en España por debajo de la media europea, el voluntariado en nuestro país ha estado adquiriendo calidad de fondo durante los últimos años. El concepto de voluntariado ha ido cambiando, acercándose más a la idea de responsabilidad social y ciudadanía activa, personas que ponen su granito de arena para hacer posible el mundo que imaginan acorde con sus valores de justicia, igualdad, tolerancia y solidaridad. Quizá ese desarrollo del significado de voluntariado ha fomentado también las redes de apoyo, la participación ciudadana o las iniciativas solidarias que tanto vemos estos días a nuestro alrededor. Del mismo modo, se han ido transformando las intenciones y motivaciones sobre la colaboración y la ayuda. La antigua idea de altruismo, entendido como abnegación o sacrificio, ha quedado prácticamente obsoleta cuando hablamos de voluntariado y solidaridad hoy en día. Ayudar nos hace sentir bien con nosotros mismos y no solo no es negativo, es que además es saludable y motivador. Si ponernos al servicio de la sociedad nos procura bienestar y beneficia al bien común, entramos en un juego solidario en el que ganamos todos.

Aquí podríamos preguntarnos, entonces, por qué hay personas que no son solidarias, que en este contexto de cuarentena interpretaríamos también como no respetar las normas y recomendaciones generales que nos afectan a todos. Sorprendidos, vemos en las noticias que las denuncias por incumplimiento del estado de alarma aumentan cada día tanto como los contagios. Siendo la solidaridad también práctica y de sentido común, según los recursos con los que contemos podemos actuar de una u otra manera, ¿por qué cuando lo que se pide es quedarse en casa no se hace? Tal vez volvamos a la idea del interés propio por encima del beneficio común. O quizá también podamos hablar de respuestas instintivas ante el miedo, de la incapacidad de gestionar los sentimientos que nos hacen sufrir y de los que necesitamos evadirnos. La dificultad para conectar con una realidad que nos aplasta nos impide tener una visión más clara dentro de la confusión y pensar más allá de nosotros mismos. Es esa dificultad para conectar con el dolor propio y ajeno lo que obstaculiza la solidaridad, porque ponerse en los zapatos del otro, ver sus necesidades y empatizar con su dolor, nos asusta. Por eso para ser solidarios también hay que ser valientes, y así lo apuntaba, verbigracia, el presidente del Gobierno de España, Pedro Sánchez, en una de sus comparecencias: "Es el coraje y no el miedo lo que nos mantiene en casa", apelando a los valores profundos para superar esta situación.

La solidaridad como respuesta a la crisis, o no.

Con la ola de la pandemia alcanzando todas las orillas, vemos día tras día las reacciones y maneras de hacerle frente alrededor del mundo. A veces parece que, a la espera de un tratamiento o una vacuna, la única solución a nuestro alcance sea la solidaridad. Países que envían brigadas médicas y equipos de protección a los territorios más afectados o Gobiernos que aumentan las ayudas sociales ante la emergencia y sus efectos. Pero, al mismo tiempo, nos encontramos con el liberalismo que prioriza la economía, los maestros de toro pasado en busca de culpables más que de soluciones o la especulación bloqueando la llegada de material sanitario. Esta crisis está poniendo a prueba a la sociedad, los sistemas y modelos, las relaciones entre naciones, la validez de los representantes políticos y la eficacia de los organismos internacionales.

Las respuestas alrededor del mundo están siendo diversas y también cambiantes según avanza la pandemia. Algunas de ellas las encontramos tan insólitas que parecen más propias de un diario satírico que de la sección de noticias internacionales. Con la llegada del coronavirus a Estados Unidos aumentó la venta de armas mientras que la Casa Blanca declaraba las armerías y campos de tiro servicios esenciales como las farmacias y supermercados, e incluía a sus trabajadores en el mismo grupo que a médicos y policías como profesionales que no paralizan la actividad. Hemos visto al presidente de Filipinas, Rodrigo Duterte, ordenar a las fuerzas de seguridad "disparar a matar" a todo aquel que no cumpla la cuarentena, poco después de adquirir poderes esenciales en el Congreso para afrontar la pandemia, siendo acusado de aprovechar la crisis para acabar con la oposición y alcanzar más control en el país. En una suerte de mundo al revés, cientos de mexicanos se manifestaron en la frontera con EE. UU. bloqueando el paso a los estadounidenses para evitar los contagios. Ante el miedo y la incertidumbre, muchos optan por creer que velar por sus propios intereses les protegerá contra el virus, o incluso que les otorgará un beneficio posterior, pero estas mismas estrategias de defensa y poder pueden convertirse en otro enemigo al que combatir y, después de esto, tendremos que valorar también las consecuencias de la falta de solidaridad.

Los países reaccionan en consonancia con sus recursos, problemas, economías, modelos, así como con los principios y valores sobre los que fueron fundados. El Estado de Bienestar, como modelo solidario, en España y otros países europeos está jugando un papel fundamental en la gestión de la crisis, permitiendo adoptar medidas desde el valor humano y el interés general para afrontar la pandemia e implementar las políticas sociales necesarias para sus secuelas. Y en esto basa también el Gobierno español su comunicación institucional. Bajo el lema "Este virus lo paramos unidos", se apela a la unidad, la disciplina social y la solidaridad a distintos niveles. Las comparecencias del presidente del Gobierno enaltecen el esfuerzo y la responsabilidad de la ciudadanía y los profesionales, colocando a la sociedad como sujeto activo y comprometido imprescindible en esta crisis. Pero del mismo modo que se está visibilizando la necesidad de actuar unidos desde la solidaridad y estamos comprobando la importancia de lo común, esta situación también nos está permitiendo ver sus fallos y sus grietas, y los problemas estructurales nos están explotando en la cara en el peor momento. La insuficiente inversión en I+D, el deterioro de la sanidad pública o el envejecimiento de la población se están poniendo de relieve en esta crisis sanitaria, soportando además las peores tensiones. Estos días salimos a la ventana a las ocho de la tarde para aplaudir al personal sanitario, pero cuando todo esto pase podemos aprovechar esas grietas que nos ha enseñado la crisis para fortalecer el Estado de Bienestar, y no solo como prevención ante otras emergencias, sino para reforzar los cimientos de una sociedad basada en la solidaridad.

A nivel internacional, Naciones Unidas ha publicado el informe "Responsabilidad compartida, solidaridad global: respondiendo al impacto socioeconómico de la COVID-19". Su secretario general, António Guterres, declaraba en la presentación que: "Lo que el mundo necesita ahora es solidaridad, con solidaridad podemos derrotar al virus y construir un mundo mejor", planteando una respuesta conjunta y coordinada contra la pandemia y sus efectos. Por su parte, la Organización Mundial de la Salud ha llamado a su proyecto más ambicioso *Solidarity*, un ensayo clínico a nivel mundial para encontrar un tratamiento eficaz contra la enfermedad. Parece claro para estos organismos que ante un problema común la solidaridad es la mejor solución, pero habrá que esperar para ver si estas respuestas son todo lo rotundas y eficaces que necesita la humanidad en estos momentos. En una línea diferente se ha situado estos días la Unión Europea, donde unos hablan de apoyo mutuo y proyectos comunitarios, y otros de ayudar sin relajar las condiciones establecidas. Mientras Italia y España se asfixian con la pandemia y proponen medidas solidarias como los coronabonos, escuchábamos a Holanda y Alemania resistirse a compartir los costes de la peor crisis de Europa desde la Segunda Guerra Mundial. Pero a diferencia de otras ocasiones, esta vez la reacción a las actitudes insolidarias fue mucho más tajante. España e Italia se plantaban ante la inacción, y António Costa, primer ministro portugués, calificaba de "repugnante" la postura de Holanda, asegurando que su discurso era una amenaza para el futuro de la UE. Estas discrepancias vuelven a poner sobre la mesa las diferencias norte-sur, y abren un peligroso debate para la unidad de Europa.

Otras respuestas aún no se han dado, aunque se van intuyendo. Con el inicio de los primeros contagios en el continente africano, nos preguntamos, como si no fuera con nosotros, qué va a pasar con África. Y desgraciadamente, esto no es nuevo. Alguien decía una vez que "África se muere y a nadie le importa", y esa frase revela que, a pesar de los esfuerzos de la cooperación internacional, la solidaridad a veces también se aplica por estratos. Sin embargo, si esta crisis es un desafío único en la historia de la humanidad, también debería serlo su reacción. Las medidas internacionales deben ser contundentes basadas en un liderazgo de alianza global solidaria que las sostenga. Ante una pandemia mundial, la única solución posible es una respuesta planetaria.

¿Nos hará el virus inmunes a la insolidaridad?

Desde esta crisis que está agitando toda la realidad que conocemos, no dejamos de preguntarnos cómo será el mundo después de esto. Algunos aseguran que nada va a cambiar y, basándose en crisis y pandemias anteriores, afirman que estas situaciones solo acentúan los rasgos preexistentes. Acabaremos olvidando el coronavirus mucho antes de lo que creemos ahora, hartos de las mismas noticias y ansiosos por recuperar la normalidad de nuestras vidas. La desigualdad social seguirá aumentando y el "no vamos a dejar a nadie atrás" se quedará en un eslogan. Los aplausos de las ocho de la tarde serán un bonito recuerdo que nos unía durante la cuarentena, pero volveremos a ponernos de perfil cuando la marea blanca salga a la calle o los investigadores de nuestro país tengan que emigrar. En las antípodas de esta postura están los que hasta han renombrado las siglas a. C. y d .C como "antes y después del coronavirus", apostando por visiones tan optimistas como apocalípticas, y garantizando que nada volverá a ser igual.

Tal vez, como en casi todo, la respuesta estará en un término medio. Pero la clave no es preguntarse qué sucederá, como si fuera la siguiente entrega de nuestra saga favorita, sino qué queremos que suceda. El futuro se construye desde el presente, que en este caso de confinamiento, además, se impone consciente con espacio para reflexionar. La crisis nos está mostrando muchas luces y sombras en una suerte de experiencia compartida y tiempo detenido, pero depende de nosotros lo que aprendamos de ella. Sin duda, la vulnerabilidad, el aislamiento y la necesidad del otro que sentimos en estos momentos nos están haciendo valorar lo realmente importante. Y como valoramos más, también somos más agradecidos. Nunca le habíamos dado las gracias a la cajera del supermercado de la manera en la que lo hacemos ahora. Asimismo, estamos viendo que la solidaridad requiere más que nunca de empatía, respeto y, además, humildad. La consistencia de estar unidos y actuar como comunidad neutraliza las conductas negativas e insolidarias, pero no nos da derecho a convertirnos, por ejemplo, en "justicieros de balcón", juzgando desde la desconfianza, sin parar a preguntarse si las que pasan por la calle en ese momento serán dos neumólogas de vuelta a casa o una persona con autismo acompañada. Y no, no necesitan un distintivo, lo que necesitan es respeto y conciencia social.

De la misma manera, hemos podido ver que, desde el principio, nuestra idea de responsabilidad era mucho más profunda de lo que creíamos. Estos días no nos preguntamos qué pueden hacer los demás por mí, sino qué puedo hacer yo por los demás. Muchos no esperaron la declaración del estado de alarma para confinarse o cerrar sus negocios; cuando faltaban mascarillas, las máquinas de coser se pusieron a trabajar; y ante el inminente colapso de hospitales, cadenas hoteleras cedían sus espacios para acoger pacientes. Parece que el Estado de Bienestar no nos hace tan hijos inmaduros como algunos dicen, sino adultos responsables y solidarios. Igualmente, como resultado de la infodemia, estamos agudizando nuestras capacidades y recursos informativos. El coronavirus en la era de las *fake news* y la posverdad ha propiciado un aluvión de bulos, relatos y discursos de todo tipo que nos obligan a hacer un esfuerzo para distinguir la verdad de la mentira, y la responsabilidad de la negligencia. Del mismo modo, estos días la delgada línea entre oportunidad y oportunismo se hace más visible. Por un lado, vemos a los que ponen al servicio de la sociedad sus recursos, respondiendo sincera y rápidamente a las necesidades desde el interés común; y por otro, a las estrategias de marketing y marca personal disfrazadas de solidaridad y compromiso. Pero inundados de información y con tiempo para cuestionar, estamos analizando mejor los cuentos que nos cuentan, saliendo de las cámaras de eco y ejercitando el pensamiento crítico y el razonamiento más que la racionalización.

Para que todo esto que estamos viviendo no se nos olvide, también podríamos plantearnos si la solidaridad, la responsabilidad y la unidad de las crisis son sostenibles o se quedan en la pasión del momento. Precisamente, el pasado enero se cumplió el décimo aniversario del terremoto de Haití. Todos recordamos la inmensa respuesta nacional e internacional, pero diez años después el país sigue sin reconstruirse, en muchos sentidos. En esta crisis habrá muchas iniciativas y medidas que, por su propia naturaleza, concluirán cuando cese la emergencia, y otras tendrán una cierta continuidad que se impondrá como necesaria. Sin embargo, lo esencial aquí no es tanto su permanencia, sino la transformación. La solidaridad bien entendida, como proceso transformador, no actúa solo en la situación problemática o en una adversidad temporal, interviene en las causas de fondo para ir construyendo un sistema que no genere problemas en sí mismo. Aquí es donde además de lo coyuntural, es imprescindible atender lo estructural, incluso cuando lleguen las consecuencias y la emergencia sea otra. Cuando hayamos vencido al virus, que lo venceremos, con todo lo vivido y lo aprendido, la solidaridad, la unidad y la responsabilidad de estos días pueden servirnos, si las atesoramos, para cambiar lo que no funciona, valorar lo que sí lo hace y fortalecer nuestras sociedades para seguir construyendo entre todos un lugar mejor donde vivir. Puede que aprendamos de esta situación mucho más de lo que somos conscientes ahora o que nos olvidemos de todo en cuanto podamos salir a la calle a disfrutar y ver a nuestros seres queridos, pero la sensación compartida no se borrará, y en el fondo de nosotros sabemos que esta crisis puede ser la oportunidad de impulsar ese cambio que siempre hemos querido ver en el mundo.

Sobre la autora

Isabel Ponce. Madrid, España. Licenciada en Antropología social y cultural. Autora del *Monográfico Redes Sociales* del Observatorio Tecnológico del INTEFP, MECD. Recientemente, fue directora de una ONG de voluntariado dedicada a la salud mental y emocional, participando como ponente, formadora y en grupos de trabajo y comités sobre temas como la escucha activa, la prevención del suicidio o la soledad no deseada. Sus mejores experiencias de curiosidad antropológica las vivió en Angola, Benín y Etiopía. Ha desarrollado parte de su formación académica y experiencia laboral en Chile, Estados Unidos y Nueva Zelanda, de donde regresó hace unos meses.

#QuédateEnCasa: ¿comunicación para habitar el cielo o ir al infierno?

Luis Altamar Muñoz
luisalfonsoaltamarmuoz@yahoo.com.co
luisalfonsoaltamar4muoz@gmail.com
5 de abril de 2020. Barranquilla, Colombia.

"Se nos pide secuestrarnos en unidades familiares, espacios de vivienda compartidos o domicilios individuales, privados de contacto social y relegado a esferas de relativo aislamiento" Judith Butler (Butler, 2020, p.59).

Resumen

Usualmente, la comunicación es empleada para gestionar la producción del acercamiento, unidad y necesidad que posee la naturaleza humana para compartir en un mundo que cada vez es más diverso. Sin embargo, en esta coyuntura de urgencia universal, su sentido guarda relación de semejanza con la condición del sujeto aislado y distanciado del resto de sujetos que posee cierto tenor de individualidad en el espacio privado.

El análisis crítico está centrado en la frase de combate #QuédateEnCasa, expresión empleada por gobiernos y medios de comunicación para concientizar a la población de permanecer en su vivienda con la finalidad de evitar contacto con personas distintas a su núcleo familiar.

En el lapso de esta cotidianidad obligada y emergente, las personas a nivel mundial estuvieron resguardadas en su espacio doméstico, pero al transcurrir el tiempo fueron evidentes las carencias que posee una franja de la población para vivir, tele-trabajar, estudiar, hacer ocio o cumplir con las pautas básicas para evitar el contagio por la COVID - 19.

1. Presente | Origen

Wuhan, es una ciudad capital de la provincia Hubei, en China central que se localiza en la confluencia de los ríos Yangtsé y Han. Es percibida como un centro que aglutina un prominente desarrollo político, económico y cultural en esta región del denominado "Tigre asiático".

Esta metrópolis concentra gran parte de la atención a nivel mundial por ser el epicentro inicial de lo que se conoció en el inicio de esta década del siglo XXI con el nombre de coronavirus Covid-19. Desde el comienzo de lo que se supone ya era una crisis, su sistema sanitario logró detectar el ascenso en el número de casos que fueron nombrados inicialmente como neumonía. Al principio, el personal médico tuvo poco conocimiento sobre las causas que producía la fuerte afección en los pulmones de los primeros pacientes que presentaron un cuadro de salud con similares características.

Unos días después, el gobierno de China a través de una investigación realizada por la Revista The Lancet (2020), logró confirmarle al mundo sobre la identificación y existencia de un nuevo coronavirus que presentó familiaridad con otros virus que también en el pasado causaron enfermedades respiratorias como el SARS (Síndrome Respiratorio Agudo Grave) o el MERS (Síndrome Respiratorio de Oriente Medio).

Al principio, los investigadores establecieron posibles relaciones directas entre este nuevo virus que tendría entre sus principales fuentes a un animal. El portal redacción médica (2020) describe las relaciones que existen entre este germen y el murceguillo.

> El "2019-nCoV estaba estrechamente relacionado (con una identidad del 88 por ciento) con dos coronavirus similares al síndrome respiratorio agudo severo derivado del murciélago (SARS), bat-SL-CoVZC45 y bat-SL-CoVZXC21, recolectados en 2018 en Zhoushan, este de China , pero estaban más distantes de SARS-CoV (aproximadamente 79 por ciento) y MERS-CoV (aproximadamente 50 por ciento) (2020).

Efectivamente, lo anterior es una teoría que se mantiene en estudio ya que el descubrimiento del virus es muy reciente; lo cual despierta muchos interrogantes por los investigadores en la ciencia médica. Es posible que sea una zoonosis, es decir, la transmisión de un germen; cuya fuente inicial proviene de un animal a los seres humanos. "En estos casos, suele haber un reservorio animal original (podrían ser los murciélagos) y un posible huésped intermediario que todavía no se ha identificado (se dijo que podía ser un pangolín)" (Pejoan, 2020).

La validez del origen de este virus es objeto de estudio por la ciencia médica que en su indagación científica pudo constatar que los primeros casos de coronavirus tienen una relación común con la compra y venta mayorista de fauna salvaje en el Mercado de Mariscos Huanam en Wuhan. Un biólogo, experto en hacer seguimiento y análisis a otros brotes provenientes de bacilos dio su opinión sobre los efectos que en la salud tienen lugares públicos de compra, venta y consumo que al mismo tiempo existe un contacto directo, permanente y relacional entre animales y personas. "Así es como surgen enfermedades nuevas y nacientes que la población humana nunca antes ha visto" afirmó Kevin J. Olival, biólogo y vicepresidente de investigación en EcoHealth Alliance (Myers, 2020).

Una vez que el gobierno tuvo mayores argumentos para reconocer en este lugar su principal foco de propagación, ordenó cerrar el lugar y el comité permanente del Parlamento chino decidió aprobar la proposición normativa para prohibir la venta y gastronomía que procede del deguste de viandas procedentes de animales salvajes.

Es obvio que esta medida tendría como finalidad la eliminación de esta práctica, muy propia en las costumbres y hábitos alimenticios en este país. De esta manera se logra comprender que se puede dar más protección en salubridad a la población en el resto del mundo ya que nuevamente la China irriga tensión en el resto de los continentes; a causa de un virus que nuevamente inicia un contagio masivo; cuya principal sospecha recae sobre las carencias de limpieza y aseo que tienen los mercados públicos en esta latitud del hemisferio oriental.

En la historia esta región fue el punto inicial de otras enfermedades que también se expandieron por el mundo. En la opinión de David Harvey (2020) se destaca brevemente un historial de otras afecciones caracterizadas por la ola rápida y agresiva de muertes que suelen ocasionar.

> (...) En épocas recientes, el SRAS, la gripe aviar y porcina parecen haber salido de China o del Sudeste asiático. China ha sufrido también enormemente a causa de la peste porcina, lo que ha conllevado el sacrificio de cerdos en masa y el aumento de los precios de la carne porcina. No digo todo esto para acusar a China. Hay muchos lugares más en los que son elevados los riesgos medioambientales de mutación y propagación (...) (Harvey, 2020, p.83).

En ese sentido y de manera paulatina, se conocieron noticias publicadas y difundidas por los medios internacionales que informaron sobre las medidas de rigor tomadas por el establecimiento chino que hacían hincapié sobre el cierre de lugares públicos, rigor y disciplina ciudadana para acatar el aislamiento preventivo que ayudó en la disminución de los contagios y otras muertes; a pesar que hubo cierta desconfianza por la estadística que relaciona el número de muertos e infectados según lo estipulado por el régimen chino.

> La cifra de muertos por el coronavirus en Wuhan es, oficialmente, de 2.553 personas, aunque algunos

medios locales y redes sociales apuntan a que la mortalidad durante la cuarentena ha sido mucho mayor a tenor de la incesante actividad de los crematorios (Infobae , 2020).

El tiempo transcurrió en medio de la confusión y duda por conocer el saldo exacto de muertos que realmente se originaron por COVID 19 en la ciudad de Wuhan. Quizás lo más real y acertado de una realidad a distancia fue el conocimiento que a manera indirecta se tuvo sobre lo fugaz y peligroso del virus cuando no se acatan las recomendaciones e higiene sobre el lavado de manos, uso del jabón, evitar el contacto con otras personas y atención temprana e inmediata al infectado, sin embargo, el número de personas fallecidas en las ciudades donde hubo los primeros brotes del virus, éstos cada día fueron más creciente y numeroso; por tanto el temor se apoderó del resto de naciones ya que su población también se vio afectada por los síntomas que el COVID- 19 produce en la salud de las personas. "(...) Continúa el aumento de pacientes en Italia, Irán y Corea del Sur. Un nuevo caso ha llegado a Argelia, el segundo país de África después de Egipto (...)" (Organización de Naciones Unidas, 2020).

Rápidamente se expandió por el resto del planeta y fue poco el margen de tiempo que dio a los gobiernos para planificar, implementar y disponer de los recursos suficientes para hacer frente a las afecciones del virus en la salud. "(...) El número de casos de COVID-19 fuera de China se ha multiplicado por 13, y el número de países afectados se ha triplicado (...)" (Organización Mundial de la Salud, 2020).

Bajo ese precedente, la Organización Mundial de la Salud (2020) evalúo los niveles de propagación y lo perjudicial del brote; lo cual se constituyó en el principal argumento para decir que la COVID- 19 se debía considerar una peste. Este organismo internacional, en su comunicación oficial le dice a todos los gobiernos: "(...) Nunca antes habíamos visto una pandemia generada por un coronavirus (...)" (Organización Mundial de la Salud, 2020).

Al declararse como peste global es porque tiene las características de un agente infeccioso que está presente en varios países. Consecuentes con esta connotación, el interior de cada país acoge y dispuso las medidas de prevención y atención que brindó para proteger a su población.

Desde ese ámbito de actuación, una estrategia preventiva y común que acogió cada estado para debilitar la transferencia entre humanos de la COVID 19 fue el distanciamiento mediante el aislamiento obligatorio, es decir, las personas debieron encerrarse en sus casas para prevenir el aumento en el número de infectados.

Un problema que suscita el hecho de quedarse en casa por mucho tiempo es que tiene consecuencias negativas en la salud mental, la financiación de la economía doméstica e incluso se alcanza a descifrar como un esfuerzo poco convencional donde los seres humanos van a evitar la interacción y el relacionamiento con otros sujetos.

Es así que el retorno y resguardo permanente al interior de la vivienda es una medida clasificada como extrema, pero es lo más recomendado por los epidemiólogos para bajar el número de contagios. Por ejemplo, China optó por la implementación de este tipo de medidas drásticas que incluyó el cierre de instituciones, lugares de trabajo, prohibición de vuelos y otras restricciones que sirvieron para invertir las predicciones estimadas por un artículo de la Revista Nature con respecto a la propagación del virus. "(...) el coronavirus Sars- CoV 2 podría llegar a infectar al 40% de la población en China (alrededor de 500 millones de personas)" (Gomez, 2020).

Una parte de los estados en América Latina, Europa y Estados Unidos, emularon este tipo de políticas que en el fondo lo que persiguen es minimizar los contagios para que los sistemas de emergencia no colapsen, y los recursos ya sean financieros o humanos que se tienen disponibles para cubrir estas eventualidades puedan ser sostenibles y lograr el descenso; o lo que comúnmente denominan los estudiosos de las epidemias el llamado "aplanamiento de la curva" que va indicando la evolución del brote de la enfermedad en el territorio y a la vez permite orientar sobre las decisiones que pueden tomar los organismos de salud para combatir este tipo de transmisión.

El hecho de quedarse en la casa como una obligación con poco acceso a la calle es un desafío que repercute en un propósito preventivo, pero también significa una posición de tensión en la relación y comunicación entre gobiernos y ciudadanos.

Resulta que mucho antes que apareciera este virus, las personas cumplieron con sus rutinas, y cada individuo tuvo la libertad para llevar a cabo múltiples actividades y los compromisos de la jornada. Una vez, empieza el aislamiento la gente necesita permanecer en su casa; por lo cual fue un acto de absoluta vitalidad consigo mismo y el resto de habitantes en la ciudad o comunidad.

Esta alternativa necesaria y relevante alrededor del confinamiento estuvo apalancada en la disposición, conciencia y autorregulación de las personas. Pero también hubo el interés de crear una comunicación reiterativa y persuasiva que reforzó la idea de aislarse del exterior, y partió de un supuesto ilusorio y dominante que dibujó la representación de un ideal: en cualquier país todos tienen una vivienda, con una infraestructura que es suficiente para seguir una dinámica rutinaria en la educación y trabajo en la distancia, o en la realización de otras prácticas que pueden ayudar al disfrute sano para suplir el aburrimiento por la diversión, confort y el esparcimiento al interior del espacio doméstico.

Estar en casa | Salir de casa

En el asomo de esta pandemia, ir a casa es un problema porque las ciudades y específicamente sus viviendas no fueron pensadas para adaptarse a la contingencia repentina de una pandemia, pero en esta coyuntura que se vive a nivel global se difundió un discurso comunicativo que en modo recurrente, los gobiernos y medios de comunicación hicieron eco a través del hashtag #QuédateEnCasa, expresión unilateral que uniforma la realidad social, e ignora atmósferas de precariedad que incita a la poca complacencia para estar por un largo tiempo en un espacio privado que se caracteriza por tener limitaciones para acceder a un confort que poco ayuda a la producción de la rutina en los límites de la dinámica intrafamiliar.

Por supuesto que la casa como lugar de encuentro íntimo es objeto de análisis porque es un derecho fijado en el "artículo 25.1 de la Declaración de los Derechos Humanos" (Pongratz, 2020), y es una necesidad hacerlo a partir de su importancia, y todo lo que representa en el desarrollo personal. En siglos anteriores, se desarrolló una abundante disertación sobre el espacio público. Hoy día, cabe situarse en el diálogo que alcance a priorizar en las características y atributos de un "techo"; cuyas condiciones sean las más óptimas para vivir y estar allí en circunstancias de emergencia.

Es por eso que las ciudades, sus lugares privados y públicos, deben tener la capacidad de re imaginarse, luego que transcurra la pandemia. En parte, hay que tener en cuenta el orden que se trace a través de una nueva agenda urbana que empieza a develar todo este flujo de incertidumbre.

Hoy día, la población con escasos recursos aparte de tener el sueño pospuesto de adquirir o ser propietario de una vivienda, también quiere o tiene la necesidad de conectarse al mundo mediante acceso a nuevas tecnologías de la información y sus bondades para conectarse con el mundo, incorporar entre sus enseres un equipo portátil y adquisición de tabletas, etc.

No solo la vinculación e introducción de la tecnología al espacio doméstico; sino que igual es esencial habitar una casa con la infraestructura básica que permita a las personas disponer de los servicios básicos (agua, luz) con calidad; éstos son indispensables e influyen para que el encierro no sea una calamidad. Un caso específico que refleja este tipo de carencias se da en la India donde habitualmente es poco el acceso sanitario en las aldeas.

> La higiene en India es también un grave problema. En un estudio reciente se estimaba que en la India rural el lavado de manos está poco extendido. Solo el 26,3% de la población lo hace antes de dar de comer a sus hijos (y lo hacen con la mano más que con utensilios). Si una de las precauciones principales contra el coronavirus es el lavado de manos habitual, podemos imaginar el reto que esto supone aquí para la lucha contra el virus (Bodelón, 2020).

Esta particularidad que toca la pobreza y el acceso a una vivienda que sea proporcional a la dignidad humana es un factor que complejiza el confinamiento en este país asiático que se caracteriza por tener una densidad de población; además un alto porcentaje de su población vive agolpada o varias personas habitan una sola vivienda.

En Latinoamérica, las favelas de Brasil son un riesgo enorme para la propagación del Covid 19 y poseen características similares de hacinamiento y densidad poblacional que están presentes en la India, aspectos que son un detonante para por lo menos alcanzar a cumplir con las medidas básicas: distancia social y lavado de manos. Ambas recomendaciones para limitar el contagio del virus entre las personas es improbable hacerlo exactamente como lo recomienda la Organización Mundial de la Salud y epidemiólogos porque en esta zona brasilera habitan cerca de "13 millones de personas que viven en favelas de Brasil: con una alta densidad demográfica, con servicios básicos —como agua y luz— deficientes y, muchas veces, sin ningún sistema de alcantarillado" (Pires, 2020). Igualmente, en Colombia "1 de 4 colombianos está pasando la cuarentena en viviendas con condiciones deficientes" (Amaya Rueda , Duque , & Avila Cabrera , 2020).

Así sucesivamente, se pueden localizar distintos casos de lugares con similitudes y puntos comunes donde quedarse en casa no tendría eco, ni tampoco el mensaje puede tener el sentido que puede darle un universo que cuenta con las condiciones para estar y permanecer en un apartamiento que por lo menos cuenta con una vista estética que incluye el barrio, una calle y otros aspectos que no son divisibles en estos contextos de poca bonanza para quienes es un insulto, cada vez que el medio masivo, el líder de opinión, presentador de televisión o la pantalla del dispositivo móvil le recuerda al planeta y a la ciudadanía global que no puede salir: #StayAtHome.

Desde luego, esto nos dice que muy aparte de la inclusión que se logre por aumentar el porcentaje o número de ciudadanos que puedan apropiar socialmente las nuevas tecnologías para el desempeño del trabajo y estudio en casa, también los gobiernos deben cumplir con las tareas pendientes: acceso a una oferta de servicios públicos domiciliaria que haga más fácil la experiencia de vida y convivencia de las personas.

Es ineludible que tanto las ciudades como la vivienda surtirán sus cambios al pasar la pandemia. Así lo expresó, Elkin Velásquez, director de Onu Habitat para América Latina al periódico El Tiempo:

> (...) A nosotros desde América Latina, nos corresponde hablar de las ciudades cercanas, de los tejidos de los barrios, del derecho a la vivienda digna y de prestar atención a las periferias. Se suma también el reto de garantizar el acceso a los servicios públicos, especialmente al agua y al alcantarillado. Y se hace evidente la necesidad de garantizar la conectividad y el acceso a internet (...) (2020).

En el mundo entero, tanto el espacio céntrico y periférico adolecen de una política que pueda re- definir la inclusión y el desarrollo social hacia el bienestar al interior del hogar que según esta emergencia generada por el COVID 19 alcanzó a despojar las debilidades de un bien inmueble (casa) que carece lo fundamental; pero al mismo tiempo su arquitectura y espacios en sus interiores no están prestos para vivir un tiempo prolongado de un aislamiento obligatorio. Es indiscutible su adaptación a las emergencias y a los riesgos que se corren a través del tiempo.

En adelante, cabe un análisis que puede llevar consigo una reflexión para plantear las novedades sobre el uso simbólico y práctico que se aspira tener en el escenario doméstico; el cual posterior al coronavirus será una ganancia porque podrá tejerse una experiencia de plenitud consigo mismo, y por supuesto para el resto de la familia. El nuevo modelo de casa puede estar condicionado a la funcionalidad de otros confinamientos y estará vinculado a los usos, roles y actividades que la gente debe realizar en una vida cotidiana que no cesa: producir para su trabajo, educarse, divertirse, socializar al interior de la familia, restaurar sus emociones y volver a empezar...

Es impensable dejar al azar todo aquello que oriente una manera distinta para vivir y habitar la casa. Un interés de las firmas inmobiliarias es que logren colocarse de acuerdo, y proponer un código o lenguaje en la arquitectura que priorice el diseño de espacios aptos para estar por tiempos prolongados dentro de la vivienda.

Es extraño admitirlo, pero la experiencia personal del confinamiento enchufa a la gente con dilemas que antes del COVID 19 no existían; pues estar o salir de casa era una opción o un hábito conexo a la rutina, algo muy normal que no despertó en las personas ningún tipo de duda o miedo.

En la primera disyuntiva (estar en casa) hay que situar a una persona al interior de su residencia, pero a lo que eso sucede, subyacen las preocupaciones de escasez al interior del hogar que alcanzó a desnudar la actual crisis, y en lo segundo (salir de casa) es un desplazamiento afuera y es la prueba fehaciente para exponerse a sanciones de las autoridades o los cibernautas publicaron imágenes en las redes sociales (Facebook) de personas que violaron la cuarentena, a través de fotografías que muestran a los individuos en una fila que no tiene las distancias recomendadas o incluso de los vecinos que arbitrariamente provocan ambientes de fiesta, promueven la aglomeración o hacen reuniones de fiesta que están prohibidas ; lo cual es visible para propiciar indignación y sanción social.

Una idea como problema intermedio entre el adentro (interior familia) y afuera (calle), es la aglomeración; ésta emerge como una expresión que enciende la confrontación y divergencia. En la cuarentena se cuestiona el encuentro para expresar la alegría (fiesta familiar), el dolor (muerte); y es imposible acoger la práctica para evocar la tradición o las costumbres. Todo esto feneció parcialmente, y por obvias razones que aluden a la prevención se le restó humanidad a la existencia y a la vida.

En países como Brasil o el Reino Unido, la ciudadanía no tiene ese tipo de problemas porque sus gobiernos sólo acogieron unas medidas básicas de prevención, es decir, el lavado de manos, limpieza de superficies y distanciamiento social. En el Reino Unido, funciona el transporte con absoluta normalidad; por lo cual no existen limitaciones para transitar fuera de la casa. "En Suecia se tomaron algunas medidas, bares, restaurantes y medios de transporte masivo trabajan sin contratiempo. Los niños también van a la escuela (...)" (Semana , 2020).

Otro ejemplo similar al anterior es Inglaterra; cuyo gobierno no prohibió la salida del domicilio permanente, sino que simplemente dio un consejo para que las personas se mantuvieran por más tiempo en familia. En este país, la gente puede salir a la calle, hace deportes al aire libre, frecuentar la playa; algo común al resto del mundo fue la cancelación de eventos masivos.

Al final de este trayecto, existe una lección inconclusa que puede resumirse en el desafío que incluye la creatividad como fuente de ideas para delinear y bocetar un techo para vivir con decencia y sosiego el encierro en otras emergencias que nuevamente pueden requerir de la distancia social, y de otras ritualidades donde se vislumbre la evitación de un mundo que asiduamente se aprende y desaprende en la interrelación e interacción con los "nuestros" (se encuentran al abrir la puerta o en la sonoridad del balcón) y en los "otros" (están al salir de casa o en el bullicio de la calle, el café, parque y restaurante).

Sobre el autor

Colombiano. Magíster en Comunicación. Investigador y asesor en el diseño y ejecución de proyectos sociales y culturales. Mis campos de interés son: desarrollos, géneros, jóvenes y mediación cultural. Ponente y conferencista en eventos académicos nacionales e internacionales. Miembro en grupos de investigación y redes nacionales e internacionales de académicos. Consultor en el diseño y ejecución de iniciativas provenientes de organizaciones sociales, sociedad civil, empresa pública y privada.

Bibliografía

Amaya Rueda, D., Duque, T., & Ávila Cabrera, A. (3 de Abril de 2020). Quédate en casa significa cosas muy diferentes según la casa. Obtenido de La Silla Vacía: https://lasillavacia.com/quedate-casa-significa-cosas-muy-diferentes-segun-casa-76080.

Bodelon, M. (20 de Marzo de 2020). Por qué urgen medidas más contundentes y rápidas para detener el coronavirus en India. Obtenido de El País: https://elpais.com/elpais/2020/03/18/planeta_futuro/15845426 01_113593.html

Butler, J. (2020). El capitalismo tiene sus límites. En S. Z.-C. Giorgio Agamben, Sopa de Wuhan (págs. 59-65). Buenos Aires: ASPO.

El Tiempo. (4 de Abril de 2020). Que ciudad nos espera después de la pandemia. Obtenido de El Tiempo: https://www.eltiempo.com/bogota/que-ciudad-nos-espera-despues-de-la-pandemia-481050.

Gómez, J. A. (20 de Marzo de 2020). Esto es lo que ha hecho China y no España para acabar con el coronavirus. Obtenido de El Español: https://www.elespanol.com/ciencia/20200320/hecho-china-no-espana-acabar-coronavirus-meses/475954341_0.html.

Harvey, D. (2020). Política anticapitalista en tiempos de COVID - 19. En S. Z.-C Giorgio Agamben, Sopa de Wuhan (págs. 79- 96). Buenos Aires: ASPO.

Infobae. (1 de Abril de 2020). Infobae. Una investigación afirma que el régimen chino ocultó al menos 40 mil muertes por coronavirus en Wuhan: "La cifra real solo la saben ellos". Obtenido de Infobae Https://www.infobae.com/america/mundo/2020/04/01/una-investigación-afirma-que-el-régimen-chino-oculto-al-menos-40-mil-muertes-por-coronavirus-en-wuhan-la-cifra-real-solo-la-saben-ellos/.

Myers, S. L. (27 de Enero de 2020). Los mercados de China, epicentro de un brote letal. Obtenido de The Neww York Times: https://www.nytimes.com/es/2020/01/27/espanol/coronavirus-murcielago.html.

Organización de Naciones Unidas. (26 de Febrero de 2020). Coronavirus: el resto del mundo supera a China en nuevos casos. Obtenido de Noticias ONU: https://news.un.org/es/story/2020/02/1470181.

Organización Mundial de la Salud. (11 de Marzo de 2020).Alocución de apertura del Director General de la OMS en la rueda de prensa sobre la COVID-19. Obtenido de Organización Mundial de la Salud: https://www.who.int/es/dg/speeches/detail/who-directorgeneral-s-opening-remarks-at-the-media-briefing-on-covid-19---11-march-2020.

Pejoan, E. (26 de Marzo de 2020). La Vanguardia | Junior Report. Coronavirus: origen, evolución y porqué no es igual que el SARS y el MERS: https://www.lavanguardia.com/vida/juniorreport/20200326/48103758469/coronavirus-covid-19-escola-pejoan-josep-ferre-que-es-origen-sintomas-transmision proteccion.html.

Pires, C. (31 de Marzo de 2020). Las favelas en Brasil podrían ser la mayor tragedia del coronavirus. Obtenido de The New York Times: https://www.nytimes.com/es/2020/03/31/espanol/opinion/coronavirus-favelas-brasil-bolsonaro.html.

Pongratz, K. G. (3 de Abril de 2020). Así es una vivienda digna (en tiempos de pandemia y más allá). Obtenido de The Conversation: https://theconversation.com/asi-es-una-vivienda-digna-en-tiempos-de-pandemia-y-mas-alla-135424.

Semana. (27 de Marzo de 2020). Las razones de Suecia para no enviar a casa a sus habitantes, pese al coronavirus. Obtenido de Semana: https://www.msn.com/es-co/noticias/mundo/las-razones-de-suecia-para-no-enviar-a-casa-a-sus-habitantes-pese-al-coronavirus/ar-BB11Ou1z?li=AAggFp8.

La enfermedad que puede curarnos

Vicente Gallego Gómez
vgallegogomez@gmail.com
10 de abril de 2020. Barcelona. España

Resumen

¿Cómo hemos podido erosionar de tal modo nuestra relación con la naturaleza que en apenas un mes de confinamiento y distancia social ya podemos comprobar la mejora de nuestro ecosistema? El innegable impacto positivo que el confinamiento está teniendo sobre el medio ambiente debe hacernos reflexionar sobre si queremos, y debemos, volver a vivir como antes.

A lo largo de este artículo podemos encontrar de forma breve las principales causas que nos han hecho desligarnos de nuestro entorno natural. Las relaciones entre nuestros mitos y nuestro sistema económico han desembocado en que la sociedad occidental pierda por completo su sentido ecológico.

Las creencias que configuraron las normas y valores de la mayor parte de esta sociedad occidental conciben al hombre como un beneficiario directo del entorno. Este a través de su evolución histórica material, ha establecido un control sobre el planeta creando una ilusión de dominio en la que todo es predecible, cuantificable y medible, despojando la posibilidad de que algo escapara a su poder.

Ahora, en mitad de una pandemia mundial que ha supuesto un confinamiento global, estamos asistiendo a una reacción política, urgente e improvisada, que tiene por objetivo no sólo asegurar la cobertura sanitaria sino reducir el impacto económico derivado de la inactividad globalizada, lo que contrasta con años de intentos frustrados para dar soluciones a la crisis climática.

El Señor de los Animales

En la península de Yucatán, en el estado de Quintana Roo existe una comunidad maya cuyo sistema económico aún en parte se basa en la caza y la recolección. Sólo con hablar de caza y recolección podrían pensar que estoy hablando de una sociedad que vive en la selva o en el monte y que se sustenta con los recursos de su entorno. Y efectivamente, nada más lejos.

Esta parte del libro trata de dirigir la mirada a la naturaleza, sus recursos y nuestra relación con el medio –ecología-. El mismo medio que aún anhelamos desde nuestras ventanas y que vemos cómo recupera su lugar en el mundo gracias al confinamiento. Vemos cómo el aire se limpia y los cielos se despejan, las aguas se cristalizan y los océanos descansan, cómo los bosques cobran vida y la urbe se convierte en monte, cómo tórtolas, palomas, gorriones y mariposas revolotean porque la primavera ha llegado pero nosotros seguimos encerrados, apenas oliendola y tocándola con nuestro tacto y olfato atenuados por guantes y mascarillas.

Volviendo a nuestros amigos los mayas yucatecos, al margen de que algunos darwinistas pudieran calificarlos como primitivos, estos hombres y mujeres pueden darnos lecciones a todos los que formamos parte de la todopoderosa e industrializada sociedad occidental, esa que está considerada como un *best practice* en términos evolutivos. Porque esta pequeña comunidad ha conseguido mantener una conciencia ecológica tan sólida que mantienen como costumbre un tradicional ritual maya de caza llamado *Loojil Ts'oon* (Ceremonia de la Carabina) (Didac Santos Fita, 2018).

El *Loojil Ts'oon* consiste en devolver al monte las mandíbulas (carabinas) de los animales cazados que se van guardando después de servir de alimento. El ritual representa una forma de pedirle permiso al bosque, dirigiéndose al Señor de los

Animales que habita en él (ser mitológico propio de esta cultura), para que éste renueve el ciclo de caza devolviéndole la vida a los animales cazados y así los mayas puedan seguir abastecidos.

Para los mayas el ritual sirve de conservación y renovación de recursos, no sólo por creer en las cosas buenas que les pasarán al hacerlo, sino también por las malas que con seguridad les ocurrirán de no hacerlo. La posibilidad del castigo, por lo tanto, existe. Si algún cazador no realiza este ritual cuando toca podría ser atacado por serpientes o sentirse perseguido a cada instante.

Para los mayas yucatecos la selva o el monte son lugares sagrados y es la propia naturaleza la que les permite cazar y por lo tanto subsistir. Esta es la premisa básica sobre la que se construye el *Loojil Ts'oon*.

Los mayas yucatecos muestran en este ritual sus creencias y nos dejan entrever sus miedos además de su forma de mantenimiento del orden. Al creer que su futuro depende directamente de los recursos más inmediatos tienen miedo de que un día, el bosque no tenga animales para ellos. Incluso sienten que lo que están cazando en realidad no les pertenece.

Por lo tanto, en agradecimiento a la vez que en disculpa al bosque, devuelven lo que han tomado. Es su forma de sentirse legitimados para cazar y de ejercer así un control tan ilusorio como real en el entorno, ya que la creencia de castigo funciona como gobierno, evitando el caos, y sin que sea necesario contar con la gestión institucional de un estado que vele por la sostenibilidad del entorno. Es el propio cazador el que autorregula su actividad, consiguiendo el equilibrio ecológico sin medidas gubernamentales, ni objetivos de desarrollo sostenible, ni planes de acción, ni crisis sanitarias.

No es necesario ser antropólogo (yo no lo soy), para ver lo que este ritual nos enseña. A través del breve análisis que he hecho de él, usted querido lector, quien con alta probabilidad formará parte de la sociedad occidental, seguro que se ha sentido enculturado en un mundo totalmente antagónico. No entraremos a valorar si mejor o peor, pero sí opuesto.

Los Señores del Mundo

Todas las personas hacemos referencia a nuestros mitos de forma consciente o inconsciente en nuestras vidas diarias ya que a través de los mitos y creencias reproducimos los valores y las normas de nuestra sociedad.

Estos mayas yucatecos, aunque fueron fuertemente influenciados por la religión católica –las ofrendas comprendidas en la ceremonia se realizan a una mezcla de divinidades mayas y católicas- , han conseguido conservar parte de su religión más primitiva y de base animista, la cual se encuentra arraigada en la profunda creencia de que el ser humano no puede vivir sin entablar y mantener asociaciones entre los objetos y elementos de la naturaleza. Para ellos el ser humano ocupa una lugar en el entorno igual que las demás criaturas.

La mitología dominante en occidente, mayormente configurada por el cristianismo en sus diversas vertientes, se opone diametralmente a esta creencia y nos posiciona como seres beneficiarios directos del entorno.

Sin ánimo de entrar a valorar el origen del capitalismo y centrándonos en el mito cristiano, todos estaríamos de acuerdo en que visto lo visto, Dios nos entregó el paraíso y ya luego nosotros hicimos el resto. Y este resto ya es parte de la realidad y no del mito. Ese resto es nuestra evolución histórica material, a lo largo de la cual nos autoproclamamos dueños y señores del mundo desde que tuvimos las herramientas necesarias que nos permitieron especular con nuestra propia sensación de dominio.

Simone de Beauvoir en su obra feminista *El Segundo Sexo* (2019), explica la supremacía del hombre sobre el mundo -entendido como especie a la vez que como género- desde la perspectiva del materialismo histórico, que se desarrolló en la segunda mitad del S.XIX: "La teoría del materialismo histórico ha puesto de relieve verdades muy importantes. La humanidad no es una especie animal (...) no sufre pasivamente la presencia de la naturaleza, la asume".

Y es que "mientras el individuo no cuente con medios prácticos" éste "se siente perdido en la naturaleza y en la sociedad, pasivo, amenazado, juguete de fuerzas oscuras; sólo al identificarse con el clan en su totalidad se atreve a concebirse: el tótem, el mana, la tierra son realidades colectivas".

Sin embargo tras haber heredado la tierra, es en el momento de descubrir el bronce cuando el hombre "se descubre como creador". "Al dominar la naturaleza ya no tiene miedo de ella". Y nos autorealizamos y nos percibimos en nuestra propia individualidad que es a su vez la primera piedra sobre la que se funda la ambición.

Nuestra cultura ha sido capaz de diseñar una ilusión de poder de tal magnitud y eficacia que hasta llegamos a la conclusión de que ya no nos hacía falta ni Dios, y nos deshicimos de él. Y con él desapareció también cualquier remota posibilidad de que algo se nos pudiera ir de las manos. Necesitamos desacralizar, desencantar, librar de castigo moral nuestras acciones sobre el entorno porque sólo así éste puede ser sometido a nuestros intereses.

El sociólogo alemán Max Weber en su obra fundamental *La ética protestante y el espíritu del capitalismo*, en 1905 escribió ya sobre este desarraigo generalizado de las creencias del a causa de la irrupción del capitalismo y desde la óptica del materialismo histórico. "No hay fuerzas misteriosas incalculables" (como se cita en Josephone, 2019, Aeon Essays). El medio donde habitamos es cuanto menos susceptible de ser conocido, predecido, manipulado. Por la razón de que en un mundo desprovisto de mitos que expliquen la existencia de fuerzas sobrenaturales, todo se convierte en entendible, domesticable, sin que sea necesario conseguirlo para creerlo. Por lo que sustituimos nuestro viejo Edén por el mundo moderno donde el ser humano es el centro y el universo se presenta muerto y sin identidad:

> "Weber said (...) that 'there are no mysterious incalculable forces' in nature; the natural world is – at least in principle – knowable, predictable, and manipulable. In a disenchanted world, everything becomes understandable and tameable, even if it is not yet understood and tamed. Instead of the 'great enchanted garden' of the late medieval world – an Edenic state guided by divine inspiration – Weber saw the early modern world as human-centred, and the universe as dead and impersonal" (Josephon, 2019).

La Pandemia Global

Proclamándonos como seres autónomos e individuales difícilmente podemos acceder a creer que el mundo pueda funcionar sin nosotros. Para nosotros no existen ni bosques, ni animales, ni mares, ni océanos ni selvas sagradas, porque ello significaría admitir la posibilidad de que éstos pudieran castigarnos. Como mucho podrá haber erupciones volcánicas, terremotos y si apuramos, combinación de terremoto más maremoto. Pero son fenómenos concretos, aislados, estacionales, medibles y cuantificables que nacen, se reproducen y mueren.

En tanto que hemos eliminado a Dios, nuestro sistema de creencias ahora es el mismo que nuestro sistema económico. El filósofo español Santiago Alba Rico (2020) lo expresa mucho mejor de lo que yo podría hacerlo. Según él, nos hemos "desecho de Dios" y lo hemos sustituido por las estructuras de hiperconsumo, y ello "asegura una inmanencia mucho más confortable". Lo que nos hace olvidarnos completamente de que el mundo, el planeta o el universo pueden funcionar y de hecho funciona perfectamente sin nosotros:

> "(...) la tecnología, el consumo, los avances médicos han generado en Occidente una ilusión de inmortalidad incompatible con la independencia del mundo. Con nuestra cámara digital la buscamos ansiosamente al tiempo que ansiosamente la negamos, prolongando tanto su ausencia como la nostalgia de ella. La buscamos y la negamos, en los intersticios de la tecnología, a través del sexo intenso y soluble sin compromiso. La buscamos y la negamos en la droga, en el deporte onanista, en el ruralismo dominical. Nunca una sociedad humana ha vivido más fuera del mundo que la nuestra". (Alba, 2020)

Nuestras vidas normales son totalmente irreales porque hemos eliminado de ellas cualquier resquicio de realidad colectiva que pudiera quedarnos. Y esto lleva ocurriendo en el mundo entero durante años. Ahora estamos impresionados porque una pandemia ha provocado un confinamiento de gran parte del planeta conjuntamente y al mismo tiempo. Lo que viene a ser una realidad colectiva. Y nos da un tortazo en toda la cara, nos abofetea y nos golpea de frente y nos hace preguntarnos: ¿No estaríamos ya enfermos y la pandemia ya la estábamos sufriendo? ¿No era ya una enfermedad global nuestro propio sistema? ¿No estará el virus haciéndonos ver que simplemente formamos parte del mundo y no somos dueños de él? ¿Que nuestros campos, mares, océanos y cielos también tienen vida?

Estando confinados nos damos cuenta de la auténtica realidad y ello debe llevarnos a cuestionar nuestra propia normalidad de antes. Piensa por un momento en la ropa que tienes colgada en el armario y cuánta has usado desde el distanciamiento social. En todas las compras que hacías y ahora no haces. En los viajes que tenías planificados. Y ahora recuerda de nuevo todas las noticias, vídeos e imágenes que has visto y que nos muestran la recuperación de nuestro más inmediato entorno. Por cada sacrificio individual el beneficio está siendo doble: no sólo se salvan vidas, sino que se está salvando la tierra.

¿Podrá esto hacernos conscientes de una vez de que lo individual somete a lo colectivo y configurar por fin una conciencia colectiva real, tan necesaria para recobrar nuestra salud como la del planeta?

Planeta caliente, economía congelada.

El 28 de marzo de 2020 aparece un titular en la edición española digital de El País donde se leía: "El reto de congelar la economía". En él, diversos profesionales con reputadas trayectorias hablaban sobre el impacto económico de la crisis sanitaria así como de las posibles acciones para minimizarlo.

Ante la pregunta de si era posible congelar la economía, Ricardo Reis, economista de la London School of Economics respondía que era posible "aunque muy complicado. Y depende de cuánto tiempo: si el cierre total se extiende, será catastrófico; si son solo unas pocas semanas o meses, podremos esquivar el desastre… Para eso es necesario evitar que desaparezcan empresas y puestos de trabajo".

Sung Won Sohn, presidente de la consultora SS Economics y profesor de la Universidad de Loyola Marymount preveía que "el objetivo seguirá siendo algo tan simple de decir y tan difícil de lograr como esquivar una hecatombe en forma de avalancha de quiebras y despidos permanentes".

Nacho Fariza periodista económico de El País y autor de la noticia afirma que "la mayoría de países europeos y EE UU sí se han puesto ya manos a la obra, vetando los despidos indefinidos y apostando por fórmulas temporales en las que el erario cubre una parte sustancial del salario o tirando millonarios salvavidas de liquidez a empresas".

Mohamed El-Erian, jefe de asesoría económica de Allianz y expresidente del Consejo de Desarrollo Global de EE UU con Barack Obam también defiende que "es alentador el papel de los Estados y de los bancos centrales, moviéndose rápido y adoptando medidas de emergencia".

¿Por qué no nos pusimos a trabajar así ante la emergencia climática? ¿Por qué no hicimos caso a los científicos y ahora les estamos suplicando? ¿Por qué no exigimos la colaboración público-privada más allá de la que se lleva a cabo para maximizar beneficios a costa de empobrecernos aún más?

El discurso político-económico que surge en períodos de crisis busca tranquilizar al ciudadano, prometiéndole que todo podrá volver a ser como antes. Es la gestión de la espera. Pura experiencia de usuario. Nos tranquiliza ver que hay gente que ya está manos a la obra, trabajando para minimizar el impacto y las pérdidas. Es igual que cuando nos descargamos una aplicación, o instalamos una actualización o simplemente estamos esperando el metro. Hay barras de progreso y contadores. Y sólo viéndolos, nos relajamos. Sabemos que hay alguien esforzándose en hacernos llegar lo que hemos pedido. Si no viéramos esos diseños *work in progress* nos volveríamos locos y enseguida creeríamos que el producto o servicio no funciona y exigiríamos su devolución.

En 2015, la ONU anunció la Agenda para 2030 y los objetivos de desarrollo sostenible. Un programa internacional para que ya en 2030 viviéramos en un mundo sostenible. En dicho programa se establecen 17 objetivos principales en diferentes materias para lograr ese mundo tan deseado, a su vez con subobjetivos. En esta iniciativa el concepto sostenibilidad no remite sólo a cuestiones medioambientales, sino que se extiende a acabar con la pobreza, el hambre o la falta de recursos energéticos en regiones más necesitadas. Así a cada país se le atribuyen una serie de tareas a llevar a cabo de cara a la fecha final establecida. En el caso de España, se adhirió a esta iniciativa como país en el año 2018, formando para ello una Alta Comisión. Posteriormente ya en el gobierno electo, se ha conformado un ministerio: Ministerio de derechos sociales y Agenda 2030. A su vez, miles de empresas, tanto nacionales como internacionales están abanderando el haberse comprometido a cumplir los objetivos establecidos.

La agenda 2030 es la manera que han tenido las organizaciones mundiales de decirnos: "tranquilos, estamos trabajando".Como decíamos antes, gestión de la espera. Experiencia de usuario para el ciudadano. Mientras todos seguíamos con nuestras vidas, nos conformábamos con pensar que para 2030 ya había un plan, sabiendo que en realidad todo esto necesitaba una respuesta inmediata. Cuanto menos un equivalente político en términos de eficacia y urgencia a las medidas económicas que se han tomado y se tomarán para mitigar la crisis provocada por el coronavirus.

Esta barra de progreso que iba desde 2015 a 2030 sumada a nuestra inmanencia provocada por la destrucción de realidades colectivas, nos ha sumergido en la falsa seguridad de los automatismos de nuestro día a día, donde lo damos todo por sentado y esperamos que todo funcione perfectamente.

Es evidente que los estados de alarma con sus consiguientes confinamientos ha sido la acción política más efectiva a la vez que fortuita hasta ahora para luchar contra la crisis climática. Mientras esto no llegaba, hemos estado pagando convenciones y cumbres a nuestros dirigentes durante años para que mantengan de manera formal la misma conversación que tengo yo con mi vecino cuando me lo encuentro en el ascensor, en la que él exclama el calor que ha venido de repente y yo le contesto diciéndole que efectivamente, el tiempo está loco.

El tiempo que 'perdamos' confinados será tiempo ganado para el planeta. Su recuperación es inversamente proporcional a nuestra enfermedad. Pero esa curva no sale en las noticias. No hemos construido el pico de la curva para establecer un agravio comparativo de nuestra propia condición de seres humanos y darnos cuenta que nuestra clausura tiene efectos positivos e inmediatos en la recuperación del planeta así como nuestra libertad la perjudica. No hemos contado uno por uno los animales muertos por la falta de hábitats , ni hemos hecho rankings por países de zonas desérticas, sin agua o incendiadas, ni ocupado portadas durante meses utilizando el miedo como estrategia de marketing. A más tuvieron que venir los más jóvenes exigiendo su propio futuro, quienes también luego fueron politizados. Nosotros, como colectividad no demandamos ningún tipo de medida. No acudimos a papá estado a exigir pactos con las empresas, ni hubo decreto ley de la noche a la mañana.

De la comparación se saca el valor y en comparación, la crisis climática no ha constituido ningún tipo de alarma para nosotros. Que arda el planeta y que se derritan los polos nos da igual siempre que nos quede suficiente hielo para congelar la economía.

Indulto, Curación y Perdón

El deseo de volver al punto de reiniciar nuestras vidas tal y como estaban es tan legítimo como peligroso.

Aún estamos presos y exactamente igual que los presos tenemos dos opciones. La primera es aprovechar nuestro reclutamiento para reflexionar, recapacitar y pensar qué vida queremos tener cuando salgamos. La segunda, es esperar pacientemente a que la situación pase y volver a llevar la vida que llevábamos antes del encierro y volver a delinquir.

Por suerte para nosotros, no cumpliremos la totalidad de nuestra condena, ya que eso supondría estar confinados hasta que por ejemplo, los océanos hayan recuperado el 80% de su biodiversidad dentro de 30 años, como dicen los profesores Carlos Duarte y Susana Agustí, (La Vanguardia, 1 de abril de 2020). Seguramente se nos conceda un indulto antes de ese tiempo. Y mientras el indulto llega tenemos la obligación moral de reflexionar sobre el mundo que queremos.

En este periodo de confinamiento hemos conseguido más que años de propuestas y debates. En contraprestación se vaticina la mayor crisis económica de la historia de la humanidad. ¿Qué sistema hemos diseñado que ni siquiera en una situación extrema de necesidad vital –literalmente- es capaz de aguantar tres meses sin actividad?

Si al principio mencionamos que no era necesario ser antropólogo para apreciar las enseñanzas que los mayas yucatecos pueden ofrecernos, ahora tampoco es necesario ser economista para darnos cuenta de que volver al punto de partida sería un error. Como también lo sería el seguir dotando de sesgo ideológico el discurso de la defensa de unos sistemas de producción basados en el equilibrio ecológico. Ya hemos conseguido ponernos de acuerdo en la adopción de medidas de emergencia así como en las prórrogas de los estados de alarma, porque no se trata de cuestiones ideológicas, sino empíricas, que vienen a satisfacer una necesidad prioritaria, tangible y evidente.

Es esperanzador ver cómo incluso sectores neoliberales y medios que se deben al capital ya están proponiendo una reflexión que va más allá de sumarse a los objetivos de desarrollo sostenible o de armar un discurso verde para poder seguir escondiendo la basura debajo de la alfombra.

"La frustración y el descontento social generalizado y las cada vez más visibles e incontenibles consecuencias del deterioro ecológico y climático han permitido el levantamiento de algunas voces críticas dentro del propio sistema" Noelia Sánchez Cruzado en *El Salto Diario.*

También el *Financial Times* todavía en septiembre de 2019, expresó la necesidad del *reset* capitalista. *'Capitalism. Time for reset. This is the new agenda'.* El discurso articulado trataba de poner de relieve que ya no era suficiente con el cuánto sin que importe el cómo. Cambiar la forma es una necesidad: "el beneficio para los accionistas es necesario pero no suficiente para gestionar las empresas" podemos leer en un artículo de *El Periódico* referido a este hecho.

La persona que escribe estas letras trabaja actualmente en la industria publicitaria. Sin intención alguna de hablar de mí persona pero con la honestidad necesaria para reconocer que mi profesión no le ha hecho ningún bien al planeta, siento que debo mencionar este dato.

También este dato me hace un mejor conocedor de ciertas dinámicas del mercado, de las marcas y de las personas como consumidores, si bien es cierto que todos de alguna u otra forma estamos dentro del sistema y conservamos esa porción del delito que siempre se le reserva a los cómplices.

La publicidad, como herramienta de comunicación, ha funcionado como motor intangible del capitalismo, generando un deseo insatisfecho de consumo y contribuyendo por lo tanto a perpetuar la producción de basura.

Como publicista quiero remarcar algo que he mencionado de forma implícita durante este epígrafe, y es aquello de que hemos convertido la sostenibilidad en un activo capitalista. Como consumidores nos hace sentirnos bien, ya que disuelve la disonancia que puede provocarnos a estas alturas comprar productos que contengan un exceso de plástico, por ejemplo. Son soluciones cortoplacistas, pero no son las soluciones que debemos tomar como definitivas. Esto es, no debemos dejar que desde el corporativismo se nos empodere como consumidores aludiendo a que con nuestras decisiones de compra podemos cambiar el mundo.

Martin Wiegel, director de planificación estratégica de la agencia multinacional independiente Wieden&Kenedy, nos avisa de forma tajante del peligro de este discurso que cae en cascada desde lo alto de las grandes corporaciones hacia el terreno del consumo. No podemos equiparar votar con comprar. Con nuestras decisiones de compra basadas en alternativas sostenibles no se cambia el mundo ni se solucionan los problemas. No debemos dejar que el consumismo ético, pero consumismo al fin y al cabo, nos distraiga de exigir cambios reales en la forma en que vivimos. Las soluciones vendrán de pedir la acción política a los poderes correspondientes. Comprar no es un acto de democracia.

"Buying is like voting, the rhetoric goes - through ethical/green/low-impact purchase decisions, consumers can reengineer markets, reward, encourage and promote the practices of the virtuous corporation, penalise those of the not-so-virtuous corporation, and further the issues and values that matter to them' (...) the ideology of ethical consumerism as the key lever for transforming society depoliticises change, distracting us from confronting the cold reality that effecting fundamental change in how we live is a matter of power and politics, not just going to the right shops and buying the right things".

Como ya hemos señalado, todos como personas individuales debemos reflexionar sobre qué mundo queremos y de ahí vendrá la transformación colectiva. Pero ello no es óbice para que debamos elegir a nuestros líderes y exigirles las mismas actuaciones que les estamos exigiendo durante el estado de alarma: que consulten a expertos antes de actuar y que pacten con el sector privado, y viceversa.

Es decir, que si tomamos como ejemplo las actuaciones de los gobiernos actuales, y dejamos a un lado las ideologías personales, nos daremos cuenta de que las crisis se solucionan con acciones políticas antes que con acciones económicas. Es en la acción política donde podemos recuperar el sentido de la democracia, de lo público, y desde donde podemos resucitar nuestras realidades colectivas.

A diferencia de los mayas yucatecos, ya la sociedad occidental no tiene capacidad de autorregulación ni de autogobierno, porque ya no creemos en los castigos morales ni divinos, por mucho que esta pandemia pueda parecer uno de ellos. Pero tenemos una herramienta sin estrenar que igual es hora de desempolvarla. Se llama democracia y sirve para hacer política.

Sobre el autor

Vicente es responsable del departamento de planificación estratégica de una agencia de comunicación en Barcelona, mientras cursa estudios en Antropología social y cultural, una disciplina que considera cada día más necesaria y que da sentido a la experiencia obtenida durante su carrera profesional. En www.improvisedplanning.com reivindica el papel de las ciencias sociales y las humanidades como bases referenciales para el desarrollo de la estrategia y la creatividad publicitaria.

Bibliografía

Santos, D (19 de junio de 2018) Documental Loojil Ts'oon - Ceremonia de la Carabina. Recuperado de http://www.youtube.com

De Beauvoir, S. (2019) *El Segundo Sexo*, Madrid: Ediciones Cátedra.

Josephone, J. (25 de junio de 2019). Against Disenchantment. *Aeon Essays*. Recuperado de http://www.aeon.co

Alba Rico, S. (17 de marzo de 2020) ¿Esto nos está pasando realmente? *El Diario.es.* Recuperado de http://www.eldiario.es

Fariza, N. (28 de marzo de 2020). El reto de congelar la economía. *El País*. Recuperado de http://www.elpais.com

Cerrillo, A. (1 de abril de 2020) La vida de los océanos puede recuperarse en 30 años. *La Vanguardia.* Recuperado de https://www.lavanguardia.com

Wiegel, M. (14 de enero de 2020) All Watched By Corporations Of Loving Grace? It's Time We Punctured The Feverish Toxic Dream. *Martin Wiegel Canalside view.* Recuperado de https://www.martinwiegel.org

Pixabay / Elena Riva

El coronavirus y los efectos sobre la desigualdad en el ámbito educativo

Patricia Bagán Castilla (patriciabagan@gmail.com)
Mariona García Gil (marionaggcat@gmail.com)
Andrea Moreno González (morenoglezandrea@gmail.com)
6 de Abril de 2020. Barcelona, España..

Resumen

La aplicación del tele- estudio durante el estado de alarma decretado a causa del coronavirus, ha supuesto la introducción de importantes cambios en la gestión y los procesos docentes en un periodo corto de tiempo. Por ello se hace necesario analizar si este modo de enseñanza ligado a lo virtual y a la gestión de forma telemática, puede llegar a producir un incremento en la desigualdad educativa. En este artículo abordamos la cuestión de la desigualdad estructural en el ámbito educativo, articulando una reflexión en torno a las carencias que el contexto causado por la pandemia ha puesto sobre la mesa. Para ello analizamos aquellos factores que podrían incidir en un incremento de la brecha educativa, como son la brecha digital, las desigualdades en capital cultural y económico de las familias y otros factores ligados al entorno socio-educativo del alumnado.

Introducción

La expansión de la Covid-19 ha traído consigo la implementación de importantes cambios a nivel social que seguramente arrastren su impacto más allá de la desconvocatoria del estado de alarma. A nivel educativo la suspensión de la actividad docente se decretó primeramente el 11 de marzo en la Comunidad de Madrid y La Rioja. A lo largo de la misma semana el resto de las Comunidades Autónomas fueron adhiriéndose, hasta que finalmente el Gobierno central decretó la clausura de todos los centros educativos del país por un mínimo de 15 días y hasta la desconvocatoria del Estado de Alarma, pudiendo alargarse esta situación hasta la fecha de finalización del presente curso escolar.

El inédito cierre de los centros educativos ha puesto sobre la mesa las dificultades con las que cuentan tanto el profesorado, como las familias y el alumnado para adaptarse a esta nueva situación. Las familias teniendo que lidiar con sus hijos en casa, han visto cómo estos tenían que tele-estudiar, mientras los adultos tele-trabajaban o en algunos casos tenían que seguir acudiendo a sus puestos de trabajo haciendo malabares para conciliar. Por otro lado, los profesores han tenido que adaptar en cuestión de días el temario, teniendo que buscar la herramienta más adecuada para comunicarse con sus alumnos y para seguir ejerciendo la docencia a través de la pantalla. El alumnado, por su parte, ha tenido que adaptar el entorno educativo a los recursos y casuísticas de su hogar.

En este contexto, el análisis de la aplicación del tele- estudio durante el estado de alarma, puede ayudar a conocer las carencias o dificultades presentes en la implantación de las nuevas tecnologías en el entorno educativo. Asimismo, supone la oportunidad para incorporar nuevas metodologías por parte del profesorado y para avanzar en la inclusión digital del alumnado con más dificultades. En este documento analizamos algunos de los elementos que pueden estar incrementando la brecha educativa en el contexto de confinamiento ligado al coronavirus.

El papel de la educación en la desigualdad

La educación tiene la función principal de asegurar que las personas y las organizaciones participen en el conjunto social; incorporen elementos de la propia cultura, los conocimientos y competencias necesarias para desenvolverse en su entorno. Es por tanto, un factor indispensable en el proceso de socialización del individuo, ya sea mediante la socialización primaria del entorno familiar, o en la secundaria a través de las instituciones educativas. En ambos entornos la educación tiene un papel fundamental e imposible de entender sin la cultura y los sistemas de creencias establecidos, que mediante sesgos de aparente neutralidad pueden incorporar mecanismos que reproducen los sistemas de desigualdad.

Loubet (2016) argumenta que "la educación puede proveer de las herramientas intelectuales y prácticas para desarrollar nuevas visiones, crear y promover el cambio. De ahí su posible carácter dual: conservadora y revolucionaria" (p. 55). En efecto, se trata de otra forma de entender la educación, por un lado, forma parte del orden establecido y entra dentro de nuestro proceso de enculturación que nos moldea y adapta para vivir en una sociedad concreta, transmitiendo conocimientos, valores, costumbres y modos de vivir, además de estar vinculada a la moralidad y la conducta. Por otro lado, se puede entender la educación como herramienta para promover el cambio social. Tal y como comenta la autora, se interpreta como fenómeno revolucionario, justamente para romper con el sistema ideológico preestablecido.

Ambas visiones tienen fines distintos: fomentar el cambio a través de la educación, o bien perpetuar la estructura, reproduciendo así el mismo sistema de valores. Aunque, sin lugar a dudas, si una persona o colectivo no tiene las mismas oportunidades de acceso al sistema educativo, puede verse apartada de dicha sociedad, ya que no habrá adquirido los códigos necesarios: conocimientos, valores, conductas, moralidad, etc. Y por tanto, no dispondrá de los mismos recursos para "integrarse" en la sociedad al no disponer del elemento transformador de la educación. En este sentido, para superar la exclusión social, la educación debe ser integral, rompedora y alejada de la ideología dominante.

Es justo en este punto donde debemos plantearnos el concepto de desigualdad, que abarca distintas realidades y contextos dentro de la educación. Las diferencias de clase social, de género, de etnia, de personalidad, de capacidades, de orientación sexual, de aprendizaje, etc. están en la escuela y son una realidad. Sin embargo, la comprensión de la educación desde un modelo único en el que no se incorpora de forma efectiva la diversidad, acaba por traducir estas diferencias en desigualdades que pueden acabar por tener impacto en los resultados educativos del alumnado.

En esta misma dirección, Bourdieu (1986) entiende que el sistema educativo reproduce el capital cultural de las familias con mayores recursos culturales, conocimientos y conductas aceptadas socialmente. De modo que los individuos que se hayan beneficiado de mayor capital cultural en su socialización primaria, serán aquellos que tengan más oportunidades de éxito y mejores beneficios sociales a través del sistema educativo. Por tanto el origen social, influye en la relación con el éxito escolar y la duración de las trayectorias académicas; polarizando y evidenciando aún más las diferencias sociales y creando de este modo un distanciamiento de clase. Además, en el enfoque bourdiano la institución escolar funciona como un mecanismo de imposición cultural o de "violencia simbólica" de las clases dominantes sobre las subculturas. La escuela fomenta y propicia esta ideología dominante con sus formas de conocimiento, generando así procesos de diferenciación social basados al mérito escolar, que a la larga propicia el mecanismo de distribución para la división social del trabajo. Por tanto, podemos inferir que el sistema educativo reproduce la desigualdad en sí mismo, ya que legitima y perpetúa las prácticas sociales dominantes.

Cabe destacar por tanto, que la función principal de la educación pública, inclusiva y de calidad es implementar medidas igualitarias que den respuesta a las necesidades de aquellos que ocupan los escalafones más bajos de la estructura social, favoreciendo la cohesión social y pudiendo proyectar una sociedad más igualitaria. Como hemos visto, según el enfoque del sistema educativo, este puede servir como herramienta de emancipación o como elemento reproductor de la desigualdad. La igualdad en educación se da cuando todos los alumnos y alumnas tienen formal, informal y legalmente las mismas posibilidades y oportunidades educativas. Por tanto, para promover la igualdad, el sistema educativo ha de tener en cuenta los mecanismos que dan pie al mantenimiento de las desigualdades sociales y asumir esta diversidad en su metodología pedagógica.

La brecha educativa y la reproducción de la desigualdad social en España

La escolarización en España es obligatoria a partir de los 6 años. No obstante, las tasas netas de escolaridad en centros autorizados por la administración educativa correspondientes al primer ciclo de educación infantil (de 0 a 2 años) se han elevado significativamente en los últimos años. Por lo que respecta al segundo ciclo (de 3 a 5 años) la escolarización está muy próxima al 100%, alcanzando un valor del 96,3% en el curso 2016-2017 (INE, 2019). Una temprana escolarización disminuye el efecto parental de la desigualdad al diversificar los entornos de socialización en la infancia.

No obstante, a pesar de la reducción de las desigualdades sociales que se ha producido en el sistema educativo español como consecuencia de la democratización y del aumento de la movilidad social en las últimas décadas, aún no se ha conseguido paliar ciertas desigualdades sociales vinculadas con el origen social familiar y con el capital social (Moreno, 2011). Por tanto, sigue existiendo una brecha educativa relacionada con los recursos y oportunidades del entorno familiar, que producen distintas realidades educativas. Así pues, en España, la tasa de abandono escolar prematuro en 2019, fue un 25% más elevada en los hogares en situación de pobreza, que en hogares de nivel socioeconómico más alto. Según el INE, en el año 2018 en España el abandono temprano de la educación alcanzó la cifra de 21,7% para los hombres y 14,0% para las mujeres. En este sentido, diferentes estudios, así como el informe Pisa, han demostrado que la educación tiene un efecto limitado para romper con la reproducción de la pobreza y la desigualdad y ejercer la función de ascensor social. Así, el nivel educativo de los padres funciona como indicador predictivo del nivel educativo que alcanzarán los hijos: "ocho de cada diez personas cuyos padres no alcanzaron la Primaria no han conseguido completar los Estudios Secundarios" (Rogero et al, 2016:75). Estos indicadores denotan la falta de recursos y oportunidades que desde el sistema educativo se ofrece a aquellos alumnos que proceden de entornos más vulnerables socialmente.

En este sentido, es importante destacar que en España según UNICEF (2016), el 36% de los menores españoles vive en riesgo de pobreza o exclusión social. Se trata del sexto país con más desigualdad infantil de la Organización para la Cooperación y el Desarrollo Económicos (OCDE) y el cuarto de la Unión Europea, tan solo por delante de Rumanía, Bulgaria y Grecia. De la misma manera, el informe FOESSA (2016) revela que el 80% de los niños y niñas que son de familias pobres, serán adultos pobres. Una vez más, se puede observar cómo se perpetúa la condición de clase social vinculada a los medios familiares. Ante este escenario, la educación escolar y las políticas sociales son las herramientas clave para cambiar este destino.

En el contexto actual, con la implantación de medidas como el tele-estudio, las dificultades asociadas al origen social y a los recursos económicos pueden incrementarse. Así, por un mínimo de un mes, el sistema educativo tendrá que aplicar medidas telemáticas para continuar con la docencia del curso escolar. Por tanto tenemos que hablar de posibles situaciones familiares vinculadas al capital social y cultural; el acompañamiento que hace el adulto, al entorno y el tamaño del hogar, a contextos de violencia, convivencia con enfermos, etc. En efecto, situaciones que pueden afectar al desarrollo psico-social y seguimiento académico del alumnado. A todo ello, han de añadirse aquellas dificultades relacionadas con la brecha digital que puede afectar tanto al profesorado, como a las familias y el alumnado.

El tele estudio y la brecha digital

La alfabetización digital está relacionada no sólo con el manejo de los aparatos tecnológicos, sino también con comprender qué recursos podemos obtener de ellos y cuál es la mejor estrategia de uso en cada caso. El concepto de Brecha digital fue creado por Lloyd Morrisett para definir las desigualdades en el acceso y uso de las tecnologías de la información y la comunicación (TIC) que se define en tres fases: la primera brecha se centra en las dificultades de acceso a los terminales y a internet; la segunda brecha digital define las diferencias en términos de competencias para el uso; por último, la tercera brecha digital hace referencia al uso del conocimiento que se produce a través de las TIC.

Esta brecha puede relacionarse e incluso reproducirse a través del sistema educativo de diversas maneras, ya que tanto el alumnado, como el profesorado y las familias, cuentan con dificultades y limitaciones que impiden que las competencias tecnológicas y el acceso a recursos educativos se dé en condiciones igualitarias que permitan disminuir la brecha no sólo digital, sino también educativa. El último informe PISA resalta que las competencias digitales resultan básicas para la inclusión socio-laboral de las futuras generaciones; además, cada vez es más frecuente que las tecnologías sean el canal de acceso a determinados recursos educativos. Así Marchesi (2000) señala internet como elemento causante de desigualdad al dotar de mayores recursos de información y cultura a aquellos mejor preparados para la sociedad del conocimiento y desplazar a aquellos con mayores dificultades de acceso a las redes informáticas. Se trata entonces de una nueva barrera que puede llegar a ampliar la distancia social. La situación creada a raíz del decreto del estado de alarma no ha hecho más que evidenciar este aspecto y las dificultades que presenta.

En este sentido, si bien existen diferencias en su magnitud, podemos observar el impacto de la brecha digital en los tres estadios. A pesar de que el acceso a recursos TIC en los centros educativos y hogares ha incrementado notablemente en los últimos años, aún hay familias que no cuentan con recursos económicos suficientes para asegurar tal fin: falta de conexión a internet, no disponer de aparatos digitales (pc, Tablet o móvil) o bien disponer de un aparato digital para toda la unidad familiar. Además, las competencias digitales de profesores y familias son dispares, lo que puede implicar dificultades en la gestión del tele-estudio. Existen por tanto, diferencias en el uso de los dispositivos tecnológicos determinados por factores de capital cultural, de género y también de las necesidades de uso, tanto individuales como del entorno familiar. Además, las familias con menor nivel educativo suelen realizar unos usos más pasivos que activos de la tecnología. Por último, también puede aparecer diferencias en cómo el alumnado recibe y gestiona la información dentro del hogar para la realización de las tareas, pudiendo no asegurarse un seguimiento efectivo del curso escolar. Para analizar estos puntos, haremos un repaso sobre la situación de las TIC en los centros educativos y entre las familias, mostrando cómo la introducción del tele-estudio a consecuencia de la aparición de la COVID-19 puede incidir en incrementar la brecha educativa.

Las TIC en el ámbito educativo

La introducción de las TIC en el ámbito educativo en España se ha dado de forma progresiva en tres etapas fundamentales: en los años 80 comienza a introducirse la informática en los centros educativos; a lo largo de la siguiente década se promueve el acceso a los contenidos y metodologías; y desde el año 2000 se promueve la integración digital con diferentes programas y fórmulas (Colás et al, 2018). En el año 2009 el gobierno aprobó un ambicioso plan que tenía como objetivo la introducción de las nuevas tecnologías en la enseñanza mediante la aplicación de cuatro ejes principales: dotar de recursos TIC a alumnado, profesorado y aulas; garantizar el acceso a internet en centros escolares y hogares; formar al profesorado en aspectos tecnológicos e implicar a las familias en el uso de estos recursos (La Moncloa, 2009). El plan, que dependía del acuerdo con las CCAA competentes en materia de educación, no llegó a implantarse en la Comunidad de Madrid, Valencia y Murcia. Son precisamente estas comunidades las que cuentan con un mayor número de alumnos por ordenador, como puede observarse en la siguiente tabla:

		Centros Públicos			Centros Privados
	Todos los centros	Total	Centros E. Primaria	Centros E. Secundaria y FP	
Total	3	2,8	2,9	2,7	3,6
Andalucía	2,8	2,6	3,3	2,1	4,1
Aragón	2,5	2,4	2,5	2,2	2,9
Asturias, P. De	2,3	2,2	2,2	2,1	2,8
Balears, Illes	2	1,8	2	1,7	2,2
Canarias	3,2	3	2,2	4,2	4,8
Cantabria	2,6	2,3	1,9	2,8	4,2
Castilla y León	3,3	2,9	2,4	3,7	4,5
Castilla - La Mancha	2,6	2,4	2	2,9	4
Cataluña	3,4	3,2	3	3,4	3,8
Comunitat Valenciana	4,3	4	4	4	5,2
Extremadura	1,6	1,4	2,3	1	4,2
Galicia	2,3	2,1	2,3	1,9	3,1
Madrid, Comunidad de	4,5	5	5,7	4,5	3,9
Murcia, Región de	4,6	4,1	4,7	3,7	6,1
Navarra, Comunidad Foral de	3,7	3,7	4,5	3,1	3,8
Pais Vasco	1,6	1,5	1,7	1,4	1,6
Rioja, La	2,8	2,4	2,4	2,4	4,2
Ceuta	2,6	2,5	2,1	3	3,3
Melilla	2,8	2,7	2,1	3,6	3,2

Tabla 1: Número medio de alumnos por ordenador destinado a tareas de enseñanza y aprendizaje por Comunidad Autónoma y tipo de centro. Curso 2016-2017
Fuente: Estadística de la Sociedad de la Información y la Comunicación en los centros educativos no universitarios. Curso 2016-2017 (2018)

Finalmente, "Escuela 2.0" fue suprimido en el año 2012. No obstante -como se observa en el mismo informe- la red de internet está presente en casi la totalidad de los centros educativos, y en el 94,6% de las aulas, aunque existen diferencias entre los distintos niveles educativos, en función de la titularidad asociada al centro y en núcleos rurales y urbanos. En este sentido, el acceso que el alumnado pueda tener a recursos tecnológicos en el centro educativo puede ser un factor relevante de cara a ampliar sus competencias digitales independientemente de su situación familiar.

Otro aspecto a tener en cuenta es el nivel formativo del profesorado en competencias tecnológicas y el grado de utilización que hacen de las mismas en el desarrollo del contenido curricular. Así, encontramos dos grupos entre el profesorado: un primero con un enfoque didáctico reproductivo que hace un uso puntual de las TIC y un segundo que aboga por una integración didáctica intensiva de las TIC (Area, et al. 2016). No obstante entre el profesorado siguen primando los recursos didácticos tradicionales (Losada et al. 2017). Este aspecto, resulta relevante, ya que puede incidir en el modo en que el profesorado está enviando las tareas al alumnado durante este periodo, y también en el tipo de canales que utilizan para tal fin y la efectividad de los mismos.

Las TIC en el ámbito familiar

Por otro lado, el nivel de inversión en educación también infiere sobre las posibilidades de mitigar el efecto parental en las habilidades cognitivas de los menores (Esping Andersen, 2002). España cuenta con un tipo de políticas públicas que dotan de un apoyo limitado a las familias con menos recursos, presentando el país importantes desigualdades educativas en el tiempo y los recursos económicos con los que cuentan las unidades familiares (Gracia y Grysels, 2016; Gracia 2016). Así, los padres con estudios primarios, menos ingresos y jornadas inflexibles dedican proporcionalmente menos tiempo a la realización de actividades tecnológicas, intelectuales, sociales y deportivas con sus hijos y más tiempo a ver la televisión con ellos (Gracia, 2016). En este sentido, los hijos de padres con menor nivel educativo podrían ser menos autónomos, ya que un mayor uso de internet está relacionado con una mayor autonomía en las relaciones sociales e institucionales (Castells 2007: 249). Y asimismo, el nivel educativo de los padres podría determinar los recursos con los que cuentan para ayudar a sus hijos en las tareas. En este sentido, tanto los recursos relacionados con el capital cultural y tecnológico como aquellos relacionados con el capital económico o los recursos materiales tecnológicos con los que las familias, pueden interferir en el resultado final del proceso tele-educativo del alumnado.

En relación a la primera brecha digital, en España, el porcentaje de hogares que cuentan con acceso a internet ha ido incrementando progresivamente, de manera que la mayoría cuentan con este servicio. Datos recientes del INE (2019) muestran que el 91% de la población española tiene acceso a internet, dato que asciende hasta el 97% entre las familias con niños. En este aspecto, las viviendas que no disponen de acceso a internet señalan que los principales motivos son: porque no lo necesitan 75,5%, por falta de conocimientos de uso 51,3% y por los altos costes que supone 28% (INE, 2019). Asimismo, el informe de la Sociedad de la información y las comunicaciones (2019) destaca que el 98% de los hogares cuentan con teléfono móvil y un 79,5%

con ordenador. En relación a la segunda brecha, el mismo informe indica que el uso habitual del acceso a internet se realiza a través del teléfono móvil (93,5%) distando esta cifra ampliamente de la del acceso con ordenador (25,3%) y tabletas (18,8%). Por otro lado, un 92´8% de los menores ha utilizado internet en los últimos 3 meses, un 91,3% de ellos son usuarios de ordenador y un 69´8% cuentan con teléfono móvil. Por último, algunos estudios como el de Wilkin et al. (2017) han demostrado diferencias en el modo en que la gente joven utiliza internet, así una menor cantidad de recursos en términos materiales o competenciales, está relacionada con un uso más limitado de la red y sus infinitas posibilidades.

Estos datos arrojan tres ideas fundamentales: en primer lugar, existe un porcentaje menor pero significativo de familias que aún no cuentan con acceso a internet en sus hogares; en segundo lugar, hay un porcentaje importante de familias que no cuentan con ordenador en sus hogares, añadido a aquellos que cuentan con dispositivos anticuados o no cuentan con un número suficiente de dispositivos en relación al número de miembros de la unidad familiar. En tercer lugar, el acceso mayoritario se da a través de dispositivos móviles, cuyas funcionalidades o usos, difieren de aquellas que se realizan a través del ordenador. Por último, un porcentaje minoritario, pero importante de menores no han utilizado internet (7,3%) o el ordenador (8,7%) en los últimos meses. Por tanto, podemos pensar que el uso que el alumnado pueda hacer de los recursos, también está influenciado por el origen social. Todos estos factores pueden ser relevantes en cómo los profesores han tenido que desarrollar el diseño del material didáctico y el modo de hacer llegar la información a las familias durante la etapa de confinamiento.

La organización educativa durante el confinamiento y su efecto en la desigualdad

El confinamiento es una situación excepcional que afecta a todo estrato social, sin embargo, la situación forzosa que estamos viviendo ha hecho que salga a flote la desigualdad educativa que nuestro sistema padece. Al principio del confinamiento cuando se preveía paralizar las clases unos 15 días, algunos gobiernos como el de Cataluña, se negaban a que las clases se hicieran en línea al considerar que ésta decisión afectaría al sector más vulnerable del sistema educativo. El argumento central fue que no todos los alumnos poseen los mismos recursos tecnológicos y esto supondría ampliar aún más la desigualdad educativa. Finalmente, dada la prolongación de la situación, los centros y el profesorado han tenido que adaptar el temario al formato telemático. No obstante, muchos centros no tendrán en cuenta la nota final.

En este escenario, los alumnos de los centros educativos que llevan más tiempo apostando por el desarrollo digital, serán los que saldrán menos perjudicados de esta difícil situación. Estas escuelas disponen de herramientas y programas que facilitan el estudio a distancia, y además, profesorado y alumnado poseen los conocimientos necesarios para poder seguir avanzado en los contenidos educativos. Muchas de las escuelas que están inmersas en la cultura digital, desde el primer día de confinamiento han ido manteniendo un seguimiento constante con el alumnado a través de sus plataformas habituales de trabajo e incorporando nuevas herramientas como los programas que permiten hacer videollamadas por grupos reducidos, de manera que han podido recuperar y seguir las clases lectivas. En cambio, aquellas escuelas que poseen menos recursos económicos y que cuentan con un número más elevado de alumnos en situación vulnerable que no dispone de los recursos tecnológicos necesarios para poder trabajar desde el confinamiento, se encuentran en situaciones muy complejas.

Las estadísticas muestran que un 97% de los hogares con menores tienen acceso a internet en sus casas; sin embargo, esto no quiere decir que la brecha digital haya desaparecido. En algunos hogares se están dando circunstancias como es el que sólo se disponga de un ordenador para varios hermanos e incluso en algunos casos que el padre o la madre lo necesite para tele-trabajar; que no tengan impresora para poder imprimir el material que les envía el tutor para poder trabajar; no tener un escáner para poder enviarle los trabajos a su tutor; que los sistemas operativos de los que disponen estén desfasados y no sean compatibles con el material que le envía el tutor; o que directamente no dispongan de un ordenador en el hogar. En muchas de estas situaciones los alumnos terminan estudiando y trabajando con los teléfonos móviles, pasando 5 o 6 horas delante de pantallas muy pequeñas que no están pensadas para trabajar. A esto hemos de añadir que no todas las viviendas disponen de un espacio de trabajo específico para el estudio que les permita trabajar y concentrarse. Todos estos inconvenientes mencionados que muchos alumnos se encuentran viviendo actualmente, afectan al seguimiento y rendimiento escolar. Además, a la hora de entregar las actividades no todos los alumnos responden de la misma manera: algunos no entregan las tareas, otros lo hacen tarde, otros alegan de que no tienen buena cobertura o directamente que no tienen ordenador. Estas situaciones provocan que los centros y el profesorado realicen un seguimiento discontinuo o incluso en algunos casos nulo, rompiéndose de este modo el vínculo educativo.

Ante esta situación, desde los centros han utilizado nuevas estrategias para poder tener más contacto con las familias y trabajar de forma conjunta. Algunos maestros intentan conservar contacto con sus alumnos vía mail, plataformas educativas como el Moodle e incluso por teléfono, pero no todos los alumnos siguen el acompañamiento, lo que hace más difícil saber cómo se encuentran y que realicen un seguimiento efectivo del curso. Además, el confinamiento ha añadido dificultades a la complicada situación en la que viven algunas familias que atraviesan problemas económicos o incluso de salud. Esto hace que el clima dentro del hogar no sea el más adecuado para realizar las actividades escolares, ya que la situación de tensión que se vive, genera que los niños y adolescentes estén más agobiados, irascibles y desmotivados, lo que dificulta la comprensión de los contenidos educativos y provoca una desconexión parcial o total con la escuela. La ausencia presencial del tutor o tutora, dificulta la comprensión y motivación de aquellos alumnos con menor autonomía. Especialmente, de aquellos alumnos con necesidades educativas especiales, de los cuales es más difícil llegar a cubrir sus necesidades de forma telemática.

Por otro lado, las dificultades en torno a la la alfabetización digital están presentes estos días no sólo entre las familias más desfavorecidas que no cuentan con conocimientos informáticos suficientes para poder ayudar y orientar a sus hijos de una forma efectiva y autónoma; sino que también afecta a parte del profesorado, especialmente a aquellos maestros más veteranos que no están al día digitalmente y han tenido que hacer formación para adquirir nuevas habilidades y herramientas que les permitan trabajar de manera online. El no tener implementadas las TIC en estas escuelas y la falta de conocimientos del profesorado, conlleva para ellos una carga de trabajo extra en la adaptación del currículum educativo.

Adicionalmente, cabe añadir que la escuela no supone únicamente transmisión de contenidos, sino que también es un acompañamiento emocional y educativo. Los maestros muchas veces son un referente para sus alumnos, al acompañarlos en el desarrollo de competencias sociales y emocionales como la autoestima, el autocontrol, la cooperación, la empatía y la gestión de conflictos entre otros. La falta de atención a estos aspectos, puede poner en riesgo el bienestar personal de los alumnos, sobre todo en esta situación de confinamiento en la que muchos hogares están viviendo una situación muy compleja. Estas carencias socio afectivas pueden verse influenciadas por el capital de las familias, así aquellas que cuentan con más capital económico, normalmente disponen de una mayor flexibilidad horaria que les permite conciliar mejor su trabajo con la educación de sus hijos. Son estas familias cuyos trabajos han estado menos expuestos a ERTES y despidos y han podido aplicar el teletrabajo. Asimismo, también poseen un capital sociocultural que les permite estimular a sus hijos con diferentes actividades y propuestas. Por tanto, estos alumnos, están menos expuestos a la carencia socio-afectiva que los de familias con menor capital, tan importante para tener unas buenas competencias sociales y emocionales en su desarrollo vital. Del mismo modo, son estos menores los que tienen una menor carencia de dispositivos digitales y de cualquier tipo de apoyo que necesiten.

Conclusión

En este breve análisis, hemos planteado la necesidad de cambiar muchos aspectos del sistema educativo actual. Las diferentes estrategias que las escuelas han tenido que utilizar para hacer frente a esta crisis, muestran que las desigualdades previamente existentes entre los centros y los diferentes tipos de alumnado, se ven acrecentadas por la mediación de las TIC, que dificultan e impactan en el mantenimiento del vínculo educativo. Por tanto, esta crisis ha de ayudarnos a tomar conciencia de la necesidad de que a través del sistema educativo y de unas políticas sociales efectivas, todos los menores dispongan de los recursos necesarios para la adquisición de un buen "capital digital" que les dote de la autonomía suficiente para afrontar las necesidades y requerimientos de un sistema global digitalizado.

Sobre las autoras

Soy Andrea Moreno, socióloga graduada en la Universidad de Salamanca y máster en Política social, trabajo y bienestar por la Universitat Autònoma de Barcelona. Estoy interesada en el análisis de las desigualdades de la estructura social, especialmente en relación al mercado de trabajo y la educación. También me gusta hablar sobre género y feminismo. Profesionalmente he participado en proyectos de investigación y también realizo orientación laboral.

Mariona García Gil, Antropóloga social y cultural graduada en la Universidad Autónoma de Barcelona. He trabajado como técnica en proyectos relacionados con la educación, la salud y el género, llevando tareas de comunicación y sensibilización en el ámbito de la salud, educación sexual. Interesada en la investigación y el análisis crítico, también de la intervención comunitaria y el trabajo en equipo.

Patricia Bagán Castilla, graduada en Antropología Social y Cultural por la UNED. Actualmente estoy cursando el Máster Interuniversitario de Juventud y Sociedad por la UdG, UB, UAB, UPF, UdL y URV. Me interesa el conocimiento de los estudios sobre juventud y educación. Me gusta conocer otras realidades, otras maneras de hacer, de ver, de sentir y de estar en el mundo y de poder hacer visible lo invisible.

Bibliografía

Area, M., Hernández, V y Sosa, J.J. (2016). Modelos de integración didáctica de las TIC en el aula. *Comunicar, 47*, 79-87.

Bourdieu, P. (1986). La Escuela como fuerza conservadora: Desigualdades Escolares y Culturales, en *Contemporary Research in the Sociology of Education.*

Castells, M. (2007). Communication, power and counter-power in the network society. International journal of communication.

Colas-Bravo, P., De Pablos-Pons, J., y Ballesta-Pagan, J. (2018). Incidencia de las TIC en la enseñanza en el sistema educativo español: una revisión de la investigación. *RED. Revista de Educación a Distancia, 56.*

Esping-Andersen,G, Gallie, D, Hemerijck A y Myles, J. (2002). *Why We Need a New Welfare State?.* Oxford: Oxford University press.

Gracia, P. (2016). Estratificación social y cuidado parental: un análisis del caso español. *Observatorio social de La Caixa.* Recuperado de https://observatoriosociallacaixa.org/es/-/estratificacion-social-y-cuidado-parental_un-analisis-del-caso-espanol [03/04/2020]

Gracia, P. y Ghysels, J. (2016) Educational inequalities in parental care time: Cross-national evidence from Belgium, Denmark, Spain, and the United Kingdom. *Social Science Research. xxx,* pp. 1-15.

Informe Foessa. (2019) VIII Informe sobre desarrollo y exclusión social en España. Madrid: Fundación Foessa. _

INE (2019). *Mujeres y hombres en España.* Recuperado de: https://www.ine.es/ss/Satellite?L=es_ES&c=INEPublicacion_C &cid=1259924822888&p=1254735110672&pagename=Produ ctosYServicios%2FPYSLayout¶m1=PYSDetalleGratuitas [03/04/2020]

INE (2018). *España en cifras 2018.* Madrid: INE.

Loubet Orozco, R, (2016). Del pensamiento de Marx acerca de la educación. *Arenas,* 17(42), 55-63.

Marchesi, A., (2000). *Controversias en la educación española.* Madrid: Alianza.

La Moncloa. (2009). Aprobado el Programa Escuela 2.0. *La Moncloa.* Recuperado en: https://www.lamoncloa.gob.es/Paginas/archivo/040409- enlace20.aspx. [03/04/2020]

Losada, D, Correa, JM; Fernández, L. (2017). El impacto del modelo "un ordenador por niño" en la educación primaria: un estudio de caso. *Educación XX1, vol. 20, núm. 1.* pp. 339-361.

Ministerio de educación y formación profesional (2018). Estadística de la sociedad de la información y la comunicación en los centros educativos no universitarios. Curso 2016-2017. Recuperado en: http://www.educacionyfp.gob.es/dam/jcr:d5e98bed-4b07- 4354-832e-48c9e9dd56de/nota-resumen.pdf [04/04/2020]

Moreno Mínguez, A. (2011). La reproducción intergeneracional de las desigualdades educativas; límites y oportunidades de la democracia. *Revista de educación,* 12011, 183-206.

Observatorio nacional de las telecomunicaciones y de la Sociedad de la información (2019). Informe sobre la Sociedad de la Información y las Telecomunicaciones y el Sector TIC y de los Contenidos en España por Comunidades Autónomas.

Rogero, J, Imbernón, F, García, R, Ferrero, C, Díez, J y Carbonell, J. (2016). Pobreza infantil y educación. *Cuadernos de Pedagogía*,470.

Unicef (2019). España, a la cola de los países de la Unión Europea con más desigualdad infantil en términos de ingreso y satisfacción vital. Recuperado de: https://www.unicef.es/prensa/espana-la-cola-de-los-paises-de-la-union-europea-con-mas-desigualdad-infantil-en-terminos-de [04/04/2020]

Wilkin, S, Davies H y Eynon, R. (2017). Addressing digital inequalities amongst young people: conflicting discourses and complex outcomes. Oxford Review of Education.

Las principales pandemias históricas y su relación con el covid-19.

Rosa Rabazo Ortega.
(Consejería de educación. Junta de Extremadura)
310876rosa@gmail.com
Badajoz, a 1 de mayo de 2020

Resumen

Con el presente ensayo, pretendo dejar constancia de las similitudes que podemos encontrar entre las grandes pandemias históricas que han asolado el mundo y el COVID-19. Para ello, partiendo de datos históricos, autores clásicos y documentos de prensa, haré un recorrido por la peste, el cólera y la gripe española, intentando constatar la presencia de factores en común pese a la distancia temporal que los separa. Se analizarán aquellos aspectos en los que hemos aprendido o que han sido superados en este tiempo así como aquellas facetas que se mantienen en una línea similar, relacionadas fundamentalmente con el sentido de responsabilidad social.

Breve historia de las cuarentenas.

La historia de las cuarentenas tiene tres mil años; se ha utilizado en la peste, en la lepra, en el cólera, en la gripe española… También se ha empleado está mediada desde antaño en el mundo islámico; así, los omegas, en el 706, construyeron el primer hospital en Damasco para aislar a los enfermos de lepra. Esta misma enfermedad, provocó la existencia de hasta diecinueve mil leproserías durante la Edad Media en toda Europa. Pero la primera cuarentena como tal se llevó a cabo en una colonia de Venecia llamada Ragusa (hoy Dubrovnik), en el S.XIV y su pretensión ya fue la de detener una pandemia. Dicha colonia poseía además un centro de internamiento llamado Lazzaretto donde se desviaban los barcos con tripulación infectada. Fue a mediados del S.XIX cuando se dio una base científica a la cuarentena al conocerse el periodo de incubación de las diferentes enfermedades. Pero por ese desconocimiento hasta el S.XIX, también se dieron historias de fracaso, como fue el caso de la que se llevó a cabo en 1795 en Filadelfia por la oleada de fiebre amarilla; evidentemente fracasó porque el medio de contagio no es entre personas sino que es una enfermedad provocada por el mosquito. Como dato curioso, la cuarentena más larga fue la que tuvo que hacer una cocinera estadounidense, en 1907, al descubrirse que era la paciente cero de un brote de tifoidea; permaneció recluida veinticinco años. A partir de los años cincuenta del S.XX, con la extensión de los antibióticos, se pensaba que había terminado la historia de las cuarentenas; bien entrado el XXI, nos hemos dado cuenta que no es así.

La peste.

Comenzando por la primera de dichas pandemias, y quizá la más popular, pues hasta hace relativamente poco tiempo, se practicaba un juego con su nombre que consistía precisamente en evitar ser tocado por los demás participantes; hablamos de la peste, enfermedad causada por el bacilo Yersinia Pestis. Aunque el hombre la adquiere debido a la picadura de pulgas, el vehículo de propagación es la rata. Durante la Edad Media, no existía más tratamiento que la oración; además, ciertos enfermos eran quemados como herejes. Las pocas medidas que se aplicaban eran contraproducentes, pues consistían en purgar y en sangrar a las víctimas.

El aislamiento que tan lógico nos puede resultar en nuestros tiempos como modo de frenar los contagios, no llegó hasta el S.XVI mientras que los tratamientos efectivos tardaron algo más, consiguiéndose la cura con la llegada de los antibióticos en el S.XX

En cuanto a la literatura que aborda esta pandemia, decir que está recogida ya en el Antiguo Testamento; así, cuenta como dios pone a David ante la tesitura de tener que elegir un castigo para su pueblo, siendo las opciones; siete años de hambruna, tres meses de guerra o tres días de peste. Aunque David eligió lo último, podemos hacernos una idea de su letalidad comparando el tiempo establecido para cada una de las opciones de castigo.

Remitiéndonos al principio, Tucídides, historiador y militar ateniense, en el siglo V (a. C.), describe la enfermedad en su obra dedicada a la guerra del Peloponeso, que enfrentó durante más de cincuenta años a Atenas y Esparta.

Sin duda, una obra clásica en la que esta enfermedad tiene un principal protagonista es en Edipo Rey, de Sófocles, pues la peste representa el símbolo por el que se transmite la violencia que se vivía en la ciudad. Un elemento común entre la peste y el COVID-19 es la necesidad de identificar al culpable; si en algún tiempo, en Tebas, el culpable fue Edipo, sufriendo todo tipo de violencia tanto judíos como peregrinos y comerciantes, ahora la mirada se dirige de un continente a otro. Si en un primer momento se produjeron agresiones y rechazo hacia los chinos en Europa, al cambiarse el epicentro a Europa, son algunos de los primeros quienes han agredido a europeos. El miedo nos vuelve tan irracionales, prima tanto nuestro instinto de supervivencia, que se ha llegado a apedrear un autobús que transportaba ancianos de una residencia a otra de mayor prestigio. No es una actuación tan diferente al tapiado de casas que se produjo en Sevilla como forma de evitar el contagio por peste.

Gracias a un historiador bizantino del S.IV, Procopio de Cesárea con su obra *Historia Secreta* (2000), que forma parte de una colección en la que aborda la época de Justiniano, conocemos que Bizancio sufrió una gran epidemia de peste en el 540. Pero si ha habido un periodo en el que se han sucedido las epidemias ese ha sido la Edad Media; así consta que entre 1347 y 1352, entre un treinta y un cincuenta por ciento de la población falleció a consecuencia de la peste, si bien estas cifras son mayores debido a los problemas previos ya existentes; hambres, guerras... Provenientes de Asia, dicha enfermedad entró por Marsella (1347) alcanzando Irlanda y Escocia. De Florencia, constan dos oleadas de peste; la primera a mediados del S.XIV, con un total de cincuenta mil personas fallecidas. Entre sus posibles causas, se habla de un castigo divino, intentado contrarrestarlo con procesiones y flagelaciones; aunque la causa más popular era la que achacaba el problema al paso de un cometa entre Virgo y Libra, anunciadores de muerte y destrucción para el hombre. Si actualmente, con los avances científicos y tecnológicos más las informaciones que son aportadas por los medios de comunicación globales, se hacen especulaciones acerca del posible origen de una pandemia, es de comprender que, en plena Edad Media, se intentase buscar una explicación a lo que estaba sucediendo con el COVID-19. Se han planteado hipótesis de lo más sorprendente como esa que cree que ha sido un producto de la industria farmacéutica. También se lanzan especulaciones sobre la amplitud real del virus, el número de contagios y de fallecidos, o a cerca de las verdaderas y extensas fuentes de contagio. Un youtuber, Jordan Sather, hace alusión a una patente de 2015 sobre la creación de un virus en el laboratorio de Pirbright, Reino Unido, cuyo fin era el desarrollo de una vacuna contra enfermedades respiratorias. Hay quien asegura que se trata de un arma biológica que terminó escapando al control en el Instituto de Virología de Wuhan, o en un laboratorio secreto. Se habla incluso de historias de espías, como la que asegura que la viróloga Xiangguo Qiu, despedida por el gobierno de Pekín por una violación política, visitó en varias ocasiones el Laboratorio Nacional de Bioseguridad de Wuhan, siendo su cometido como espía, hacerse con el virus contenido en dicho laboratorio. La teoría oficial es que su procedencia se debe a un murciélago del mercado de animales vivos en Wuhan; situado próximo al laboratorio mencionado con anterioridad. Como curiosidad, Dean R. Koontz, hace casi cuatrocientos años, en su obra *Los ojos de la oscuridad*, habla de cómo un arma biológica llamada virus Wuhan-400 invadía el mundo. Koontz, D. (1992)

Sin duda, la peste negra de Florencia es conocida sobre todo por la obra de Decameron; una colección de cien cuentos provenientes de un grupo de diez miembros de la burguesía florentina confinados en una casa de campo. Dichas historias están cargadas de contenido picante, pues eran utilizadas para hacer más ameno el paso del tiempo; ese que, a nuestro encerramiento como consecuencia del COVID-19, ha sido llenado con videollamadas, series, redes sociales...

La historiografía española de principios del S.XX, en línea con la europea, asume la pérdida demográfica provocada por la peste negra y que, hasta ese momento, constituía sólo una hipótesis. Tras cuarenta años de diferenciación, España aspira a seguir también en cuanto a su pasado las tendencias que se han dado y los hechos sucedidos en el resto de Europa, aunque no se tengan datos registrados. Se habla de un treinta por ciento de pérdida poblacional en Castilla y de un porcentaje aún mayor en Aragón, afectando especialmente a las zonas de Cataluña y Navarra.

En el caso del COVID, se cuenta con la posibilidad de que este se debilite con el aumento de las temperaturas, al contrario de lo ocurrido con la peste que, al parecer, se intensificó en primavera y verano produciendo, según argumentos de Pedro IV, unas trescientas defunciones diarias en las capitales de Zaragoza y Valencia. Queda claro con ello la enorme capacidad de contagio que dicha pandemia tenía.
Hay diversos motivos que llevan a comparar dos hechos diferentes y tan alejados en el tiempo; por un lado, en ambos

casos es elevada la capacidad de contagio de un agente microscópico desconocido y, por tanto, imprevisible para la medicina. Por otra parte, se habla del fin de una civilización tal y como la hemos conocido hasta el momento. Con la peste, los enfermos morían solos por miedo al contagio y los cadáveres eran tan numerosos que se encontraban abandonados en plena calle. Por muy ficticio que parezca en pleno S.XXI, los contagiados por el COVID, sufren su enfermedad en soledad y las familias no pueden visitarles, no por huir de ellos como sucedía en la Edad Media sino por un mandato gubernamental que así lo dictamina. En lugares como Lombardía o Madrid, sin ir más lejos, el número de fallecidos ha sido tal en determinados momentos que no se ha podido dar sepultura inmediata a los cadáveres, debiendo permanecer en habitaciones cerradas o en otras dependencias hasta que esto es posible. Pero más insólito resulta el que los familiares no puedan dar su último adiós debido a las medidas de contingencia establecidas para frenar la propagación. Y si ahora las ciudades parecen vacías, limitando el movimiento a aquellas actividades consideradas de primera necesidad en épocas de peste, esa cuarentena era vivida fuera de la ciudad, en unos chamizos donde la existencia debía ser un infierno. Algo parecido debe haber sido la vivencia de cualquier anciano que, solo en su residencia, ha sido privado de visitas y, en más de una ocasión, ha muerto solo. Una gran diferencia radica en la atención que el personal sanitario está dando a los afectados, atención que, en tiempos de peste, parece haber venido de la mano de frailes convertidos en héroes, de la misma manera que están siendo considerados médicos y enfermeros, ovacionados cada día con un aplauso desde los balcones.

Los primeros culpables de la propagación del COVID son para muchos los representantes políticos y los asistentes a actos que organizaron semanas antes de establecerse el estado de alarma, como la celebración de la manifestación del 8 de marzo en Madrid, hechos que son utilizados por las diferentes formaciones como armas arrojadizas para desprestigiar a los oponentes. En 1965, en Eyam, Gran Bretaña, la comunidad, siguiendo los preceptos del pastor William Monpesson, la mayoría de los habitantes estuvieron catorce meses en cuarentena pese a lo cual sólo una decena sobrevivió. Esto representa un antecedente de confinamiento y, a su vez, un acto de heroísmo. Símbolo de heroísmo es también el del gobierno de Uruguay ante la situación del Crucero Mortimer, fondeado en la bahía de Montevideo sin autorización para poder llegar a puerto al contar con personas a bordo que habían dado positivo en la prueba de COVID. Al cabo de los días, una docena de pasajeros necesitó hospitalización; las autoridades locales no dejaron de atenderlos y de dotarlos de provisiones. Otros puertos le cerraron las puertas, pero Uruguay no. Al final, se logró que un avión australiano los repatriase. Beatriz Beiras (2020)

Algo que podemos comprobar es lo cíclica que resultó la peste, repitiéndose durante los años: 1350, 1356, 1362, 1370, 1374, 1375, etc. Al respecto, señalar que son varias las fuentes que vaticinan un nuevo brote de COVID para el otoño próximo.

La gripe española.

Es importante empezar señalando que, pese a su nombre, se trató de una pandemia de alcance mundial, recibiendo dicha denominación debida a la transferencia mostrada al respecto por las autoridades españolas, cosa que no pasó en otros países; ciertamente, no se censuró la publicación de informes en los que se ponían de manifiesto tanto las características de la enfermedad como sus consecuencias. Se inició en los campamentos militares de Europa durante la I Guerra mundial; los soldados, metidos en húmedas trincheras, cubiertos de ratas y muertos de frío, la gripe se extendió como la pólvora entre los soldados. Comenzó en marzo de 1918 y se extendió hasta el verano de 1919. En España, esa primera oleada desapareció en verano y aunque se propagó debido a la celebración de verbenas y demás festejos, la población no se lo tomó muy en serio, llegando una segunda oleada en otoño, siendo los peores meses los de septiembre y octubre, propagándose una vez más como consecuencia de las celebraciones de fiestas patronales y la llegada de medio millón de trabajadores temporeros que regresaban de la vendimia francesa en tren. Arredondo, A. (2020)

Se trataba de la gripe del tipo A, lo cual no se supo hasta 1933 pues, en aquel momento, se desconocía la existencia de los virus. Gracias a las investigaciones del doctor Michael Worobey, de la Universidad de Arizona, se supo que el virus no procedía de las aves ni era el resultado de un intercambio entre cepas humanas y de la gripe porcina, tratándose de la adquisición de material genético de un virus de gripe aviar que, probablemente, estaba ya presente en el ser humano diez o quince años antes.

Los síntomas frecuentes, incluían; fiebre alta, dolor de oídos, vómitos y diarrea... Normalmente, la muerte de producía por la complicación debida a neumonía bacteriana. A la inexistencia de antibióticos y tratamientos específicos para la neumonía, se une la inexistencia de UCIS y respiradores. Sí se tomaron medidas como cerrar lugares públicos de encuentro, se impuso el lavado de manos y el uso de mascarillas, la instalación de hospitales de campaña y la presencia de policías en la calle; en cambio, no se aislaba a los enfermos. Las personas se agolpaban en espacios cerrados y, como dijimos anteriormente respecto a lugares como Madrid o Milán, los cadáveres se acumulaban en morgues y cementerios hasta que era posible darles sepultura. De la misma manera que se pide la repartición de mascarillas, guantes y desinfectante de manos, durante la gripe española, el gobierno distribuyó cuatro litros de lejía a las familias más necesitadas. Además, se contaba con lavaderos portátiles en las calles. Decir que si bien las mascarillas servían para dar una tranquilidad psicológica, no eran útiles a la hora de evitar los contagios. Lo mismo sucede en nuestros días con la fabricación de mascarillas caseras, siguiendo tutoriales de YouTube y que carecen de cualquier prevención efectiva.

Murieron entre veinte y cincuenta millones de personas en todo el mundo con un total de quinientos millones de contagios. Mientras el COVID se está enseñando con la tercera edad, la gripe española tuvo una enorme incidencia en la población que se encontraba entre los veinte y los cuarenta años.

Como en el caso de la peste, también se buscaron causas de lo más peculiares; por ejemplo, en una localidad avileña, donde se registraron un gran número de casos tras la celebración de un festejo taurino, se achacó la enfermedad a un envenenamiento de la sangre del toro que había sido sacrificado. En Zamora, uno de los lugares de España que sufrió el impacto de la pandemia, el Obispo apuntó como causa el castigo divino por los pecados cometidos por la población.

Cólera

Aunque de fácil prevención, una vez manifestada, es una enfermedad muy contagiosa. Considerada por algunos como la mayor epidemia de la historia, hoy día sigue estando presente en lugares donde no hay un adecuado tratamiento de las aguas, como es el caso de Yemen. La causa la bacteria denominada Vibrio cholerea y puede provocar la muerte en cinco días por deshidratación ya que sus principales síntomas son vómitos y diarrea. En la mayoría de los casos, el tratamiento es tan sencillo como proporcionar sales de rehidratación oral.

El mayor brote se ha producido el pasado mes de junio en el citado Yemen donde, según la OMS, se han contabilizado cien mil contagios. Tampoco hace mucho, concretamente en el 2010, tras el terremoto, Haití sufrió los efectos de dicha enfermedad.

Como el COVID, el cólera también viajó de Asia a Europa y América, facilitando las primeras cooperaciones Internacionales en el ámbito de la salud, estableciéndose una serie de medidas estandarizadas al respecto.

Desde 1817, se han sucedido un total de siete oleadas todas siguiendo el recorrido de las rutas comerciales; la última de ellas, tuvo lugar en 1961. Aunque ya no está presente en aquellos países que cuentan con un adecuado sistema de higiene tanto en la vía pública como en el abastecimiento de aguas, en el S.XX era una problemática de alcance global. Como podemos plantearnos en la actualidad respecto al COVID, la dinámica económica que empezaba a generalizarse de dar prioridad a la transnacionalización de mercancías sobre la ciudad, tuvo consecuencias de gran alcance.

Con la apertura del Canal de Suez (1869), el paso de personas de Asia a Europa, facilitó el devenir de la pandemia, pero dotó a los países de herramientas para la localización y el aislamiento de los brotes. Pese a la época a la que nos remontamos, las máquinas de desinfección con productos químicos evitaron prolongadas cuarentenas.

Países como Alemania, Francia e Inglaterra, se afanaban por ser los primeros en destacar en su lucha contra este tipo de enfermedades. Con el COVID-19, aunque se cuente con la existencia de la OMS, también puede apreciarse cierto grado de competencia entre los países en cuanto a logros como es el desarrollo de una vacuna.

Entre las primeras descripciones de la enfermedad, encontramos la de Vasco de Gama que, como parte de sus diarios de abordo (1503), deja constancia de la presencia de una enfermedad que produjo veinte mil muertos en la ciudad de Calicut.

Pese a que en París, en 1830, fueron unas diecinueve mil las personas fallecidas, no ha quedado mucha literatura al respecto. Entre las obras que abordan el tema, encontramos *Memorias de ultratumba,* de Chateubriand (2018); dicho autor, nos transmite su sorpresa por la actitud de los parisinos respecto a la enfermedad ya así no se cerró la producción industrial y los negocios abrían sus puertas cada día. El poeta, intentó donar dinero para las familias más necesitadas, siendo rechazado por varios alcaldes, recurriendo al argumento de poder ser una acción malinterpretada por la población. Aunque no sucedió tal cosa, varios ediles tuvieron que dimitir por haber aceptado su propuesta. Este hecho histórico pone de manifiesto la utilización política que se hace de estas situaciones, pudiendo extrapolarlo a nuestros días puesto que el COVID, además de constituir un arma arrojadiza por los políticos, es utilizada por la población a través de las redes sociales para llevar a cabo su particular campaña política, publicando datos no contratados.

Pero sin duda, si tenemos que destacar un autor, ese es sin duda Émile Zola que en su obra integrada por veinte novelas y que lleva por título *Les Rougon -Macquart* (1871-1893), relata la desolación de la ciudad de París en la que sólo quedan enfermos, voluntarios y personal sanitario, los mismos que están en primera línea en la lucha contra el coronavirus; comprensible en el caso de enfermos y sanitarios, pero admirable en el caso del voluntariado. Los poderosos se refugiaban en sus residencias veraniegas y, los menos pudientes, dormían a la intemperie, situación que, como hemos visto, se cumplía también en el caso de la peste. Con el COVID-19, muchos habitantes de nuestras ciudades, han emprendido el viaje a los pueblos, pese al estado de alarma nacional decretado, habiendo sido sancionados en muchos casos.

Conclusión

La Antropología urbana, se ha centrado de manera generalizada, en el estudio de los ritmos urbanos externos, dejando de lado la importancia de los domésticos pese a la importancia de los mismos como agentes y consecuentes en la organización general de la dinámica urbana. Ahora, cómo ha sucedido con casi todas las pandemias, con nuestras calles vacías, escuchamos los ruidos (gritos de los niños) y sonidos (conversación de adultos) que se suceden detrás de las puertas de los hogares. Amin and Thrift (2002)
Como indicó Canclini () respecto a la ciudad de México, cada vez somos menos consumidores del espacio público; la tecnología, los posibles peligros y la distancia entre el lugar de residencia y el del trabajo, son los principales factores que contribuyen a ello. Así, podríamos preguntarnos si tan dura ha sido la cuarentena en relación a lo que habrán supuesto las mismas en otros tiempos.

Bibliografía

Amin, A. and Thrift, N. (2002) *Cities. Reimagining The urban*, USA: Polity Presa

Arredondo, A. (25 de marzo de 2020). Qué fue de la gripe española y en qué se parece al coronavirus. *Vos Noticias.* Recuperado de https://voanoticias.com

Beiras, B. (12 de abril de 2020). Uruguay, la tabla de salvación del crucero Greg Mortimer. https://es.euronews.com

Chateaubriand, F.R. (2018) *Memorias de ultratumba*, Alianza editorial

De Cesarea, P. (2000) *Historia Secreta*, Madrid: Gredos

Koontz, D. (1992) *Los ojos de la oscuridad*, Círculo de lectores

Sobre la autora

Soy Diplomada en Pedagogía Terapéutica y Licenciada en Antropología Social y Cultural por la Universidad de Extremadura. Tengo conocimientos de francés, estudiado en la Escuela Oficial de Idiomas de Badajoz. Aunque me dedico a la enseñanza, pues soy funcionaria docente desde el 2005, me apasiona la investigación social; tal es así, que estoy en la fase final del Máster en Investigación antropológica y sus aplicaciones, que curso a través de la UNED. Dicho máster, ha vuelto a despertar en mí esa necesidad de bucear por la realidad que nos envuelve con el fin de intentar dar un sentido a aquellos fenómenos más significativos que se suceden.

He realizado un par de colaboraciones en sendos libros referentes a dos fenómenos cruciales en nuestros días como son la educación y la migración. Además, ha sido publicado recientemente un artículo en el que abordamos los nuevos modelos familiares, teniendo enviados otros trabajos de los que me encuentro a la espera de recibir las respectivas respuestas acerca de su posible publicación.

Las verdaderas conspiraciones

Enrique San Martín
muchonaelabejorro@gmail.com
20 de abril de 2020. Madrid, España.

Yo he visto cosas que vosotros no creeríais. Naves de ataque en llamas, más allá de Orión. He visto Rayos C brillar en la oscuridad cerca de la puerta de Tannhäusser. Todos esos momentos se perderán en el tiempo como lágrimas en la lluvia. Es hora de morir.
(Roy Batty, en el film Blade Runner)

Resumen

En la actualidad nos vemos expuestos a una cantidad de datos tal, que es casi imposible distinguir lo real de lo verdadero. Dualidad que es a veces difícil de distinguir. Nos movemos en terreno misterioso, donde es seguro que nada sea lo que parece y todos los actores se mueven bajo la batuta de sus propios intereses. Estados, grupos de poder, corporaciones e instituciones quieren perpetuarse en el tiempo, para ello echarán mano de todo lo que esté a su alcance y no dudaran en esconder y tratar la información como un tesoro. Las teorías y conspiraciones sobre el origen del virus sars-cov-2 que producen la enfermedad llamada covid-19, es el punto de partida para exponer una amalgama de ideas más o menos ordenadas del mundo actual. En el que todos vivimos inmersos en un imperialismo cultural y en un industrialismo de masas, origen de problemas endémicos que es incluso tomado como meta por los países subordinados. La globalización es el contexto de la epidemia producida por el virus sars-cov-2, pero también una de las características de nuestro sistema político-económico a nivel planetario, donde desde hace tiempo hay nuevos actores en escena. Actores que debilitan el poder de los estados-nación convirtiéndolos en meros intermediarios, a veces meros títeres y simples gestores de programas ideológicos a escala planetaria. A partir de aquí todo es posible.

El virus que vino de Wuhan

La ciudad china de Wuhan es la capital de la provincia de Hubei, con una población de unos 11 millones de habitantes siendo hasta hace poco tiempo, totalmente desconocida para la gente en occidente. Pero Wuhan es una gran metrópoli dentro y fuera de china, con un alto PIB y multitud de empresas farmacéuticas, ingeniería biológica, química e industria de automoción. Con inversiones extranjeras millonarias y vínculos económicos con países europeos. Lo cierto es que el instituto de virología de Wuhan, es el más importante de China y uno de los principales del mundo en tratar con Sars y coronas. Fundado en 1956, es desde 1961 el primer instituto de microbiología del país. El oscurantismo del gobierno chino, sumado a la pregunta de cómo puede haber ocurrido esto, lleva a un amplio sector de la opinión pública a preguntarse sobre el posible origen artificial del virus. Aunque científicos y autoridades en virología han constatado que hasta ahora no encuentran nada en su estructura que indique una posible manipulación genética, pero también dicen que los estudios podrían no ser del todo concluyentes. El origen del virus posiblemente algún día se conocerá. Otra muy distinta es saber lo que ocurrió realmente. Es decir, si es de origen natural ¿cómo saltó al ser humano? ¿a través de qué animal y en donde? ¿Fue por culpa de una negligencia en el instituto de virología, un fallo en la seguridad o fue porque luego de "usados" los animales se venden en el mercado de Wuhan y acaban en la barriga de alguien? China desde el primer momento manifestó que fue en este mercado donde se produjo el primer contagio, debido a que es una zona caliente de venta de animales salvajes. Pero China no lo olvidemos es una dictadura, y eso unido con su cultura donde la noción de comunidad es diferente a lo que se profesa en la actualidad en Occidente, nos hace movernos en terreno desconocido.

No hay doctrina que oculte al mercader

Vivimos en una sociedad, donde el modelo del hombre es el individuo y el modelo de sociedad es la sociedad de mercado. Y esto aún teniendo cosas positivas, tiene cosas terriblemente negativas, que ha dado lugar a una explotación sin parangón, en la historia de la humanidad. Desubica a las personas, transformándolas en individuos, las aleja de la naturaleza y del contacto con la tierra, y les imprime otros biorritmos. El individuo se puede controlar, incluso sin coacción física. El individuo se controla a sí mismo y controla a sus iguales. A este individuo se le convierte en consumidor, en usuario. Haciéndole creer que muchas de sus prácticas son realizadas en total libertad y son de libre elección, pero no son más que representaciones del capitalismo industrial y de un imperialismo cultural que ya no se esconde, es el horizonte que todos quieren alcanzar. Nada es inocente e inocuo en el mundo contemporáneo y menos el capitalismo y sus características. Características que se mantienen como el primer día de aquel lejano siglo de la revolución industrial. Es aquí donde tenemos la primera conspiración. Que no es otra que la producción en masa, que hace del planeta un cubo de basura. De esto saben bastante las farmacéuticas. Que ya pugnan en el mercado por los ingresos que genera y generará la pandemia del covid-19. Ya lo hicieron con el sida. Vendiendo en este caso, los laboratorios americanos, sangre contaminada de donantes a la seguridad social española, para cubrir las necesidades de pacientes hemofílicos en España. Vendiéndolo a conciencia, sabiendo que la sangre estaba contaminada, y sabiendo que iban a producirse miles de muertes. Son los mismos que fabricaron la vacuna de la gripe A para enriquecerse y los mismos que tienen a millones de enfermos crónicos en la palma de su mano. Ellos generan el problema y te venden la solución.

Corporaciones, farmacéuticas, el banco mundial, la Oms, los estados, las entidades financieras. Todos ellos actores indispensables en un sistema de capitalismo industrial que para su supervivencia en el tiempo, necesitan estas instituciones. Instituciones que utilizan la educación como adoctrinamiento, para que veamos el mundo como el sistema necesita y así proyectarse hacia el futuro. Es el "habitus" del que escribía Bourdieu. Y esto, sí que es la madre de las conspiraciones a nivel planetario. La verdadera conspiración, que debemos de tener en cuenta, no es otra que nuestro propio etnocentrismo. Este nos lleva a carecer del espíritu crítico necesario para con nosotros mismos.

Con respecto a los medios de comunicación la cosa no mejora, algunos pensábamos que los medios digitales nos darían una independencia intelectual, al democratizar el saber. Cosa está que no es del todo cierta. La red ha perdido independencia, desde aquellos lejanos años 90. Internet tiene cosas positivas no hay duda, pero se ha convertido en un escaparate de productos, emociones y egos individuales aunque se forme parte de comunidades virtuales. No deja de ser otro medio de adoctrinamiento, del que es posible que ayude a paliar la soledad, pero no el vacío...

La explotación es otro rasgo que define nuestro sistema económico. La explotación laboral es necesaria para mantener todo en un status quo permanente, promoviendo la competencia en lugar de la cooperación. Promoviendo al individuo que todo lo puede. Su éxito radica en tener más que los demás. En ser más que los demás. En separarte de las personas. El sistema de consumo es diabólico, inflando el ego hasta límites tóxicos. Pero no puede ser de otra manera. El sistema se nutre de esto, no podría vivir sin individuos, sin consumidores, sin producción de masas, sin deslocalización de empresas, personas. En dos palabras, sin explotación. Son sus rasgos definitorios. Su lista de éxitos. ¿Pero cómo podríamos vivir sin nuestro sistema económico, de verdad no hay otras opciones? ¿Volver a una economía de subsistencia? ¿Volver a una economía de pobreza? Tal vez sea mejor así. Tal vez deberíamos empezar a reflexionar sobre los conceptos y a tener cuidado con las ideologías. La misma noción de subsistencia se le adjudicó un significado peyorativo que no tenía. Pero volver a una economía de subsistencia, es volver a una economía local, para consumo propio. No abogamos por una vuelta radical a esto, o tal vez sí, pero tenemos que barajar alternativas. Tenemos que crear riqueza local, volver a ser autónomos y esto no se consigue si no tienes para comer. Si no tienes los medios de cómo producirla. Debemos estudiar las cosas buenas, incluso de sistemas dañinos para el medio como este, y debemos hacerlo porque tenemos responsabilidades con los que nos precedieron y con los que están por venir. Tenemos la tecnología, esto puede ayudarnos, es una herramienta poderosa. No se puede seguir dependiendo de las miserias que grupos de poder de cualquier ideología, pretenden con las que nos conformemos. Somos hombre y mujeres como ellos. No podemos seguir permitiendo que los nuevos contratos que se hacen a las personas que ahora necesita el sistema sanitario debido al colapso por el covid-19 se les haga contratos de una sola semana. Esto no está bien. El trabajo no puede ser utilizado como mercancía.

Las verdaderas conspiraciones y el viejo-nuevo orden mundial

Habitamos un mundo de intereses económicos y poder en el que todos conspiran contra todos. Las conspiraciones están al orden del día. En un mundo global saturado de información es fácil perderse y sentirse abrumado por los datos. Todos informan desde una posición socio-política con intereses económicos e ideológicos prefijados. Por eso la necesidad de ser cauto y no creer lo primero que leemos en cualquier publicación o red social es primordial. Hay incluso facciones que su objetivo es la confusión para generar miedo e inestabilidad y ganan buen dinero por ello. Pero esto no debe hacernos olvidar que las cortinas de humo y los cisnes negros se utilizan por estos grupos, tanto para aprovechar la coyuntura de un acontecimiento muy grave, como para premeditadamente quitar atención sobre los verdaderos planes.

En realidad, llevamos décadas, sino siglos, viviendo una conspiración que cambió el mundo con la revolución industrial. Las verdaderas conspiraciones las vivimos a diario, día tras día. Por ejemplo, la que nos impone la misma ciencia como sistema experto que es, con su ideología y sus paradigmas incontestables. Y a la que abrazamos con una fe ciega, la misma fe que se profesa en cualquier religión. Y como cualquier religión utiliza lo único cierto, nuestra propia mortalidad para hacernos vivir con miedo o con dudas. También la tecnología hermanada con la ciencia conspira contra nosotros, haciéndonos cada día un poco más esclavos de objetos que nunca deberían dejar de ser unas simples herramientas y no un fin en sí mismos. La implantación de la tecnología 5G puede ser un buen ejemplo de ello. En este tema las teorías conspiranoicas son legión. Pero para mí el debate está en otro lado. Siempre se da por sentado que la tecnología es positiva. Claro, en principio se entiende como una mejora en la vida de las personas. Pero hay miles de ejemplos en los que esto no es así. Y esto no es así, porque quien manda sobre la tecnología es el mercado.

Entre tanto "nuestros trabajos" conspiran contra nosotros por mucho que nos proporcionen sustento. Nos hacen olvidar lo que realmente importa, nos alinean, catalogan y jerarquizan bajo unos roles no naturales. El hombre caminó sobre la tierra sin que la esfera económica determinará su vida durante milenios, ya que esta no estaba separada de otras instituciones y no era hegemónica sobre las demás. El capitalismo continuará después de que se frene la pandemia de eso no hay duda. Posiblemente golpeará más duramente y su nueva reencarnación aprovechará la tecnología como siempre lo ha hecho. Pero nada es eterno, y este capitalismo cada vez más tecnológico, pero con la misma vieja idea de explotación se acabará antes o después. Abogo a la unidad psíquica de la humanidad del que tanto hablaban los pensadores de la ilustración, - aunque no predicaran con el ejemplo- y no solo para paliar la desigualdad, sino como horizonte al que aspirar. Pero una unidad psíquica desde la diversidad. No todos somos iguales. Y los derechos individuales tiene que compenetrarse con los colectivos. Debemos subrayar la localidad sobre la globalidad. Debemos cuidar mucho más a la juventud, pues solo ellos pueden decir basta y cambiar las cosas. Tenemos que ir despacio, pero debemos elegir ya el bando. No podemos dejar que la esfera económica y política sea determinante en nuestro destino. Ni que nadie haga las cosas por nosotros. Debemos ser hombres y mujeres y dejar de ser dueños de la tierra y de todo lo que contiene, y si lo somos, serlo en el sentido de Rudyard Kipling.

No hay duda que la madre de todas las tormentas, es el imperialismo cultural que empezó con la industrialización y se presenta como una empresa conjunta, una meta a la que aspiran incluso culturas sometidas. Una "tormenta" que se aprovecha del egoísmo humano para conspirar contra sí mismo.

Tenemos que recordarnos que no se puede ser libre sin tener autonomía alimentaria, sin ser productor de tu propia comida. O si se quiere, de detentar los medios de producción. Esto sirve para grupos, personas, colectividades y por supuesto países. Pero va mucho más lejos. Nos lleva a un escenario donde la idea de glocalidad se impone a la de globalidad. Y donde la idea de progreso capitalista se desestime como algo insoportable para el planeta. El aceptar una sociedad urbana industrial como una norma, no es muy inteligente ni es sostenible. Nada va a cambiar manteniendo la actual división de trabajo, ni un sistema productivo de masas. Es un hecho que la población mundial se está urbanizando. Hay estadísticas abrumadoras que lo constatan. Dejando grandes extensiones de tierra "vacía" o "vaciadas" como lo llaman ahora la prensa y algunos políticos de izquierda. De la misma manera que en los viejos mapas de navegación del siglo XV. Cuando los geógrafos cartografiaron continentes, se pintaban estos como tierra despoblada. Pero todo sabemos que los mapas eran una representación de un poder, eran tecnología punta cargados de política, y que se vendían al mejor postor.

Desde el estado de alarma del día 14 de marzo y el posterior confinamiento. Pasando por un posible recorte de derechos y libertades de las personas. Sea esto debido a la pandemia o como consecuencia de esta. De lo que no hay duda es que de esta ingeniería social, los estados y sus gobiernos de turno, al igual que la empresa privada y los grupos más fuertes económicamente, tomarán buena nota de ello. Por ejemplo el teletrabajo tendrá más protagonismo, lo cual no tiene porque ser bueno, ni tampoco malo. Es cuestión de como se utilice, y todos sabemos que pocas cosas pueden negociar millones de personas en relación con un contrato laboral. El escenario en el que nos movemos tiene mucho de apocalíptico. Cualquier aficionado a la ciencia ficción lo sabe. Porque se dan muchas coincidencias con todas las distopías que se presentan en el género. El nuevo orden mundial no es nuevo como he dicho anteriormente, muta como un virus y muta al igual que el virus en las personas. Lleva con nosotros mucho tiempo. Es un capitalismo basado en la tecnología, pero con las mismas y viejas prácticas del pasado, la explotación y domesticación de las personas.

Si utilizamos oráculos y todo el poder adivinatorio. No es un secreto lo necesario que es tener una Unión Europea que actúe conjunta y unida ante esta crisis. De ello depende su supervivencia en el futuro. Aún siendo euroescépticos, esto es importante para mantener un equilibrio global donde estadounidenses y chinos quieren repartirse el mundo. En realidad hay teóricos de la conspiración que abogan a que estamos en una guerra entre los Estados Unidos y China e incluso plantean una posible guerra civil en el país de Lincoln. Otro caballo de batalla que gobiernos y entidades financieras pretenden llevar a cabo, es la suspensión del dinero timbre, controlando así toda transacción monetaria, con el objetivo de controlar la población y el movimiento de dinero. Esto que en un principio parece un objetivo loable e incluso deseable, es una conspiración en toda regla. Ahogando así toda la economía informal de que la dependen millones de personas. Pues si bien en un mundo perfecto sería lo ideal. Nuestro mundo dista mucho de ese "mundo feliz" que algunos pretenden que veamos en el mercado.

Uno de los efectos que constatamos con la pandemia es que las personas se mueren y otro es que se reduce la población. No es un secreto que en los mentideros conspiranoicos, la reducción de la población mundial estaba en la agenda de los grupos de poder. Incluso para gente que no les da ninguna credibilidad, las coincidencias, los datos nos da que pensar. Además las cifras cuando pasan de algunas cantidades no se logran digerir. Existen cantidades que son difícilmente asimilables para los seres humanos por eso la ciencia como sistema experto crea unidades de medida específicas, para poder cuantificarlas
.

¿Dónde está la verdad?

La fantasía es verdadera, por supuesto. No es real, pero es verdadera. Los niños lo saben, y los adultos lo saben también, y precisamente por ello muchos temen la fantasía. Saben que la fantasía desafía, incluso amenaza todo lo que es falso e innecesario en la vida que se han visto obligados a vivir. Tienen miedo a los dragones porque tiene miedo a la libertad. Estas palabras de Ursula K Leguin de su relato "Why are americans afraid of dragons" de 1979 lo ilustran todo. Dejando todo en el aire, todo es posible.

Los estados, las instituciones tienen su verdad, que no tiene por qué coincidir con la verdad de las personas y tampoco tiene que ser real aunque la impongan. Además tiene secretos, lo llaman información clasificada. Tienen acceso como sistemas expertos que son, a más canales de información que un simple ciudadano. A la vez, la aculturación de la población es una forma de ejercer el poder sin coacción. Utilizando la propaganda, ellos lo llaman publicidad institucional. El consumo, el marketing, la publicidad no es inocua tiene un fin. El fin es crear más consumidores cueste lo que cueste. Consumidores de objetos, de ideologías, de formas de vida, e incluso de emociones como estamos viendo últimamente en las redes sociales debido al confinamiento. Los medios de comunicación de masas parece una obviedad pero son justamente eso "de masas" donde la información se expone avalada por estadísticas que muchas veces no utilizan todas las variables, con lo que aunque sean verdaderas, no son reales. Llegados a este punto los datos asustan mucho más que las posibles conspiraciones. Las cuales en algunos casos se ven como soluciones simples a problemas graves y complejos. Pero cuidado! también pueden esconder los verdaderos motivos y la verdad de lo que realmente ocurre.

¿Y después?

Cuando los muertos desciendan aún número asumible por los gobiernos, sin que exista riesgo de colapso del sistema y riesgo de altercados sociales, cuando el número de los contagiados esté controlado y se vuelva a una normalidad deseada, no ocurrirá nada. Porque el sistema ya se ha encargado a través de nuestra escolarización de convencernos de que no hay vida más allá de capitalismo. Entre tanto, tendremos que aprender a vivir con nuestros muertos y nuestras pérdidas. Minimizando daños. El miedo y la depresión querrán ser nuestros compañeros de viaje, pero no se puede vivir deprimido y con miedo toda la vida. Tenemos que tomar partido en todas las decisiones que se adopten. Cada uno de nosotros tiene algo que decir. Pero hay que posicionarse. No se puede estar hablando de cambiar las cosas, de justicia social, o de sostenibilidad de las empresas o de los residuos, y a la vez seguir manteniendo un sistema productivo como el actual. Una de las cosas más importantes que hay intentar llevar a cabo es volver a crear comunidad, y no me refiero a un grupo de facebook. Hay que sentirse arropado protegido y proteger a tu comunidad y esto tiene que ser cara a cara. Así en las peores condiciones sabrás que tus amigos, tu familia tu mundo depende de ti y tu de ellos. Eso es algo que no se puede parar. Algo que va más allá de perder la vida. Te da poder para combatir tanto a demonios como a hombres. Poco a poco hace que las cosas cambien. Pero es difícil porque estas naturalizado en la individualidad. Tienes que formar comunidad, porque una mujer sola no puede contra el mundo. Porque un hombre solo, se muere solo. Pensando que no tiene un destino común, más allá de la miseria compartida. Del recorte continuo. Y esto no tiene porqué ser así. Estamos muy poco tiempo en el planeta para ser esclavizados. Sin miedo.

Bibliografía

Goody, Jack (1977-1985) La domesticación del pensamiento salvaje. Aka

LeGuin, Ursula K. (1979) Why Are Americans Afraid Of Dragons? The Language of the night.

Saramago, José (1995) Ensayo sobre la ceguera

Zerzan, John ( ) Buscando el camino de vuelta a casa.

Sobre el autor

Estudiante de antropología de la uned. Un proceso de persona que nunca debió haber abandonado un pentagrama musical.